탐정이된 인조인간

대한과학진흥회 엮음

스완미디어
SWAN MEDIA

책 머리에

오늘날 우리들은 고도로 발달된 과학 문명의 혜택 속에 살고 있습니다.

우리의 선진 조국 창조를 위해 무엇보다 중요한 것이 과학 기술의 개발입니다. 특히 자원이 부족한 우리나라에서 가꾸어야 할 유일한 자원은 과학 기술로 무장한 풍부한 인력 자원입니다.

대한 과학 진흥회에서는 배우는 학생들을 위해 사물을 깊이 관찰하는 습관과 합리적이고 창의적인 과학적 사고를 심어 주기 위한 방법의 하나로 과학 문고를 엮어 내고 있습니다.

과학 문고를 펴냄에 있어서 딱딱한 과학지식을 그림을 곁들여 쉽고 재미있게 이야기로 풀어 써서 학생들이 스스로 원리를 발견하고 재미를 느끼게 함으로써 과학의 여러 분야에 대하여 흥미를 갖고 접근할 수 있도록 하였습니다.

이 책과 더불어 많은 학생들이 과학에 깊은 관심을 갖고 탐구심과 창의력을 기르며 과학을 생활화 할 줄 아는 사람이 되는데 많은 도움이 되었으면 하고 바라는 마음 간절합니다.

기획편찬 **대한과학진흥회**

차례

사고

"앗, 아악!"

존은 그 날카로운 비명을 지금도 뚜렷이 기억하고 있다. 존의 신부인 마더의 비명이었다.

그것이 마지막이었다. 존이 운전하던 차가 마더를 태운 채로 산길에서 계곡 밑으로 추락했던 것이다.

벼랑의 높이는 30미터 이상이나 되었다. 계곡 밑의 강물은 한차례 흰 거품을 일으키고는 다시 조용히 빛나고 있었다. 차체는 계곡 밑에서 박살이 났다.

존의 차가 계곡으로 떨어지자 즉시 산길에는 노란 차가 와서 멈춰 섰다. 그 차에서 세 사람이 차례로 나와 밑을 내려다보았다.

그들은 잠자코 고개만 끄덕이더니, 다시 노란 차에 모두 올라타고 그 자리를 떠났다. 그 누구도 그 광경을 본 사람은 없었다.

존과 마더는 이렇게 해서 죽었다. 확실히 죽었다.

그리고 나서 얼마나 지났을까?

'여기는 어딘가, 어디란 말인가? 나는 지금 어디에 와 있는가?'

존은 정신이 드는 것을 느꼈다. 그런데 눈이 보이지 않았다. 아주 캄캄했다. 아무것도 보이지 않는 캄캄한 세계다.

소리도 들리지 않았다. 손을 움직이려고 해도 발을 움직이려고 해도 손이 어디 있는지 발이 어디 있는지 통 알 수 없었다.

냄새도 나지 않았다. 자신이 잠자고 있는지 눈뜨고 있는지, 감각이 전혀 없었다. 더운 건지 추운 건지도 알 수 없었다.

'여기는 병원이구나. 틀림없어. 아, 그렇다면 나는 살아 있는 것이구나. 마더는 어떻게 되었을까? 마더, 제발 살아 있어 다오.'

존은 소리 질렀다.

"마더, 마더……. 간호원, 간호원!"

그런데 자기 목소리가 전혀 들리지 않았다.

'도대체 어찌 된 영문일까? 내가 귀머거리가 되었단 말인가? 아니면 벙어리가 되었단 말인가?'

존은 까닭을 알 수 없어 난처해하다가 골똘히 생각에 잠겼다.

조금씩 그 때의 일이 생각났다.

'그 때…… 그래, 그 때…… 나는 마더와 같이 신혼여행을 가던 길이었지. 마더의 오빠인 데밍 박사의 별장이 산속 호숫가에 있었다. 우리들은 데밍 박사에게서 그 별장을 빌리기로 하고 그 곳으로 차를 몰고 가던 중이었지. 그런데 길모퉁이에서 노란색 자동차가 갑자기 뛰어들어, 나는 그것을 피하려고……. 아, 나는 뜻하지 않은 실수를 하고 말았어. 그렇다면 마더는 어떻게 되었을까? 마더는, 마더는…….'

정신이 들고 나서 상당히 긴 시간이 지나갔다. 이틀 아니면 사흘이 지났을지도 모른다. 그렇지만 이 곳이 아직도 병원인지 아닌지 모르겠다. 치료를 해 주고 있는 것일까, 방치해 두고 있는 것일까? 아니면 내 침대에서 자고 있는가?

도무지 알 수가 없었다. 오직 암흑뿐인 소리 하나 없는 세계, 만져 볼 수도 없고 눈으로 볼 수도 없는 세계가 계속되고 있었다. 콘크리트 속에 몸이 처박혀 들어간채로도 살 수 있다고 한다면, 바로 지금과 같은 느낌일까?

그러다 존은 자신이 숨을 쉬지 않고 있다는 사실을 깨닫고 소스라치게 놀랐다.

숨을 쉬지 않고 있는데, 어떻게 살아 있다는 말인가?

약 일 주일은 지난 것 같았다. 존의 앞쪽이 갑자기 희미하게 밝아졌다. 무엇인가 움직이는 것이 어렴풋이 나타났다 사라지곤 했다. 그러다가 사람의 그림자가 차츰차츰 뚜렷하게 비쳤다.

존이 겨우 깨닫게 된 때가 다가왔다. 누군가 존을 들여다보고 있었다. 그의 신부인 마더의 오빠 데밍 박사였다.

"데밍 형님, 마더는, 마더는? 가르쳐 주십시오. 내 말이 들리지 않습니까? 가지 말아 주십시오, 제발. 도대체 어떻게 된 일입니까? 박사님, 박사님!"

그러나 데밍 박사에게는 아무 말도 들리는 것 같지 않았다. 데밍 박사는 괴로운 얼굴빛을 하고 마침내 그곳을 떠나갔다.

"데밍 형님, 얘기 좀 해 주십시오. 가르쳐 주십시오. 제발 가지 말아 주세요."

존은 들리지도 않는 목소리를 더욱더 쥐어짜냈다.

존은 완전히 정신이 들었다.

존은 떠나가는 데밍 박사를 눈으로 뒤쫓아갈 수 없었다.

눈이 움직이지 않는 것이었다.

'나는 지독하게 심한 부상을 입었구나. 눈의 신경도 다쳤나 보다. 그러나 이제 정면만이라도 볼 수 있게 되었으니, 조금씩이나마 나아져 가는 증거가 아닌가?

머지않아 마더도 나도 도대체 어떻게 되어 가고 있는 것인지 알 수 있을 테지.'

존은 마음을 밝게 가지려고 했다. 그러나 갑자기 '아!' 하고 소리를 질렀다. 소리는 나오지 않았으나

"살려 주세요!"

하고 비명을 질렀다.

'이 곳은……여기는 인공 두뇌 센터 실험실이구나!'

그렇다. 본 기억이 있다. 데밍 박사가 떠나간 뒤, 정면에 보이는 것은 엷은 초록색의 커다란 계기판이었다. 작은 표지 등이 줄지어 늘어서 있었다.

존은 그제서야 자기가 어떻게 된 것인지 뚜렷하게 깨닫게 되었다.

불쌍한 존! 존은 이제 뇌만 남은 사람이었다. 세로도 가로도 높이도 15센티미터뿐인 플래티나 상자 속에 갇혀 있는 것이다. 상자에는 전선과 파이프가 비쭉 나와 있을 뿐이다. 존은 육체를 완전히 잃어버린 것이었다.

데밍 박사

인공 두뇌 센터는 작은 도시 전체가 들어갈 수 있을만한 커다란 건물이었다. 정확한 이름은 미국 정부 두뇌 센터라고 한다.

그 건물 안에 있는 어느 커다란 방에서, 두 사나이가 서로 노려보고 있었다.

한 사람은 데밍 박사였다.

또 한 사람은 그 센터의 관리 부장인 헤닝거였다. 헤닝거 부장은 엽궐련을 입에 물고 있었다. 의자에 떡 버티고 앉아 있었다.

데밍 박사가 말했다.

"당신이라면 존과 마더의 뇌를 다른 목적으로 돌리게 할 수 있을 것입니다. 두 사람의 뇌를 새로운 인공 두뇌 장치 속에 조립하는 일은 제발 그만둬 주시오.”

헤닝거 부장은 비웃는 듯 엷은 미소를 띠었다.

“데밍 박사, 자네는 인공 두뇌학의 일류 학자이면서 이상한 말도 하는군. 그야 마더가 자네 여동생이고, 존이 마더의 신랑이란 걸 나도 알고 있지. 그러나 박사, 이 두뇌 센터가 그 동안 인공 두뇌에 쓰기 위해 과학적으로 잘 훈련된 훌륭한 뇌를 얼마나 바라고 있는지 자네도 잘 알고 있지 않소. 존과 마더도 ‘만약 내가 죽으면 나의 뇌를 연구용으로 하든 실험용으로 하든 상관 없다.’라는 계약을 두뇌 센터와 맺고 있었소.”

헤닝거 부장은 계속해서 말했다.

“두 사람은 그 계약을 맺은 대가로, 이 두뇌 센터에서 훌륭한 설비를 갖춘 연구실을 갖고 있지 않았던가? 존은 젊은 나이에 일류 생화학자가 되었소. 그것은 이 센터의 인공 두뇌를 마음껏 이용해서 연구한 덕택이 아닌가 말이오? 마더는 인공 염료의 연구자로서 훌륭했지. 그녀도 연구하는 데에 인공 두뇌의 도움을 상당히 받았다고 생각해. 아니, 두 사람만이 아니야. 이 두뇌 센터는 뛰어난 사람들을 약 500명 가량 모아놓고, 자유롭게 맘에 드는 일

은 뭣이든 연구하도록 하고 있단 말이오. 인공 두뇌를 아무 때나 실컷 사용해도 좋고, 그 비용도 정부로부터 척척 받고 있지. 그리고 그 연구가 머지않아 온 세상에 이익을 줄 테고, 또한 이 곳의 연구원들은 자기들이 충분히 이용한 이 인공 두뇌가 더욱 발전할 수 있도록, 자기들이 죽은 다음 자기네 두뇌를 사용해도 좋다는 계약을 하고 있단 말이오. 어때, 이거야말로 멋진 제도가 아니겠소? 우리 나라는 이 인공 두뇌에게 나랏일을 처리하는 모든 방법을 맡기고 있지. 우리 미국은 계속 진보 일로야. 인간은 이리저리 생각을 짜낼 필요가 없어. 정부는 인공 두뇌가 내놓은 해답을 따르기만 하면 그만이지. 그런데도 데밍 박사, 자네는 뭘 망설이고 있소. 존도 마더도 이미 죽었어. 계곡에 떨어져 죽지 않았나. 나도 그 일은 몹시 안 됐다고 생각해. 하지만 죽은 두 사람에게서 뇌를 빼내어 다시 활동을 시켜 새로운 인공두뇌 장치 속에 조립해 놓는 것이 어째서 나쁘다는건가? 거듭하는 말이지만 존도 마더도 이미 죽었어요."

"그렇지만 나는 인공 두뇌 속에 사람의 뇌를 집어넣는 것이 과연 옳은 일인지 의심을 품게 되었소."

데밍 박사는 기운 없이 말했다.

헤닝거 부장은 턱을 치켜들며 엽궐련을 다시 물었다.

“무슨 말을 하는 거야, 데밍 박사. 자네가 그런 탐탁치 않은 말을 한다는 걸 안다면 정부는 자네를 이 곳에서 내쫓으려 할 거야. 여하튼 인공 두뇌는 훌륭한 성적을 올리고 있으니까. 국가의 예산 따위는 10초 정도면 척척 짜내주고, 나라의 여러 가지 생산 계획도 하루면 사소한 부분에 이르기까지 그 방침을 세워 주네. 게다가 그렇게 하면서도 틀린 데가 없어. 정말 놀랄 만한 인공 두뇌야. 그 덕택에 미국은 이상적인 나라, 풍요롭고 정의로운 나라, 평화의 나라가 되었단 말이야. 이게 다 인공 두뇌 덕분이지. 그런 전자 두뇌를 사용했던 시대의 일을 생각해 보게나. 전자 두뇌란 것은 엉터리이고, 자리나 많이 차지하는 주제에 애매한 해답밖에 내지 못하지. 그것은 마치 저능아 거인처럼 미덥지 못한 물건이 아닌가? 전자 두뇌가 생긴 후 75년간이나 걸려서, 인간은 가까스로 쓸 만한 인공두뇌를 발명했어. 그것이 바로 인간의 뇌를 극히 일부에만 사용한, 이 새로운 장치지. 그러나 아직 5년밖에 되지 않았어. 이 장치를 계속 더 발전시키지 않으면 안 돼. 금방 죽은 사람의 뇌를 꺼내 이 장치에 쓴다는 것은 매우 훌륭한 사용법이야. 데밍 박사, 이제 와서 뭘 망설이나? 존과 마더의 뇌는 다른 연구에 쓰기에는 아까운 뇌야. 반드시 인공 두뇌 장치 속에 조립해 넣어야 하오. 할 말이 있으면, 이번 위원회 때에 밝혀요. 그러나 그런 말을 꺼내면, 자네 입장이 어떻게 되리라는 걸 잘 알아야 하오."

헤닝거 부장은 협박이라도 하듯 말하고, 딴 데를 쳐다보았다.

존의 뇌

데밍 박사는 실험실로 갔다.

그 곳에는 플래티나 상자가 대 위에 놓여 있었다. 인공 영양이 파이프를 통해 플래티나 상자 속으로 보내지고 있었다. 데밍 박사는 그 모양을 괴로운 듯이 꼼짝 않고 바라보고 있었다.

박사는 마침내 기술자를 불렀다.

"수광판의 스위치를 꽂아요. 아까 실험 때, 뇌파의 그래프는 어떤가?"

수광판이라는 것은 플래티나 상자의 뇌에 연결되어, 사람의 눈을 대신하는 것을 말한다. 수광판에 연결되면, 존의 뇌는 바깥을 볼 수 있는 것이다.

기술자는 잘 해내고 있다고 대답했다.

"그래프는 심하게 변화합니다. 그러니까 이 뇌는 수광판에 비친 것을 꽤 분명하게 보고 있는 듯합니다."

기술자는 나지막한 목소리로 다시 말했다.

"옆의 실험실에도, 이것과 같은 날짜의 뇌가 와 있습니다. 그러나 그 쪽의 뇌는 아직 제정신으로 돌아오지 않았습니다. 그런데 박사님, 이것은 누구의 뇌였습니까? 우리가 알고 있는 사람의 뇌입니까?"

데밍 박사는 목소리를 바짝 낮췄다.

"쉬, 주위를 조심하게. 요즘 도청 마이크가 여기저기 설치되어 있는 모양이야. 이 방은 어떤지 아직 확실하게 알 수 없지만……. 얼마 전부터 나는 그런 눈치를 챘다네."

"아니, 왜 그런 짓을 할까요? 도청 마이크를 설치하다니, 누가 뭣 때문에 그 따위 짓을 합니까?" 하고 기술자는 속삭였다.

"누군가 이 과학의 전당을 뒤엎으려는 음모를 꾀하고 있기 때문이지."

"음모라뇨? 농담이시겠지요, 박사님?"

"진짜야. 음모를 꾸미는 사람은 바로 나니까."

심각한 얼굴로 데밍 박사가 지시했다.

"자, 수광판의 준비를 부탁하네."

기술자는 수광판의 스위치를 넣고 계기를 확인했다.

"박사님, 그럼 다음을 부탁드립니다. 저는 저 쪽에 가서 실험을 계속해야 합니다. 일이 있으면 불러 주십시오."

박사는 고개를 끄덕였다. 기술자가 떠나자, 박사는 호주머니에서 접은 종이를 꺼내어 조심스레 폈다. 구김살을 곧게 펴고, 그 종이를 수광판 앞에 놓았다.

종이에는 이렇게 씌어 있었다.

존, 정확히 말해서 존의 뇌여. 나는 자네가 살아 있다는 것을 알고 있다네. 자네는 이제 곧 인공 두뇌 속에 조립되어 기계의 일부로서 활동하게 된다. 자네는 이것을 어떻게 생각하는가? 자네는 그래도 살고 싶은가? 그렇잖으면 사라진 육체의 뒤를 따라 이 세상에서 떠나고 싶은가? 그것에 관해서 곰곰이 생각해두게. 될 수 있는 대로 빨리 자네의 대답을 들을 수 있도록 궁리해 볼 작정이네.

존은 종이의 글을 모두 읽었다. 수광판으로부터의 전류가 뇌에 전달되었던 것이다. 손도 발도 몸통도 귀도 눈도 코도 입도 없어진, 뇌만의 존은 생각해 보았다.

'지금까지 뇌는, 단지 신체의 일부만으로서의 존재가 아니었다. 그 뇌 속에는 그것의 주인이었던 인간이 살아 있었다. 이상한 표현인데, 혼이라고 말하는 편이 좋지 않을까. 나는 그런 것을 깊이 생각해 본 적이 없었지만, 데밍 박사는 벌써 알아차리고 있다. 박사는 언제부터 알고 있었을까? 그렇다면 지금까지 인공 두뇌 속에 조립되어졌던 그 많은 뇌가 모두 살아 있어 혼을 가지고 있었단 말인가? 그렇다면 영양을 공급받으며 기계 속에서 계속 활동하고 혹사당하면서 그들은 저마다 어떤 생각을 하고 있었을

까?'

존은 오싹해졌다. 플래티나 상자 안에 들어간 뇌가 모두 살아 있다니. 만약 뇌에 입이 있어 이 쪽에서 프래드, 벤, 마이크 따위의 이름을 부르면, 뇌가 이렇게 외치지 않으리라는 법은 없다.

"오, 프래드는 나야. 어떻게 해 줘. 여기서 빠져나가게 해 줘요!"

"내가 벤이야. 도와줘요. 편안히 죽게 해 줘!"

"나는 마이크야. 더 견딜 수가 없어."

사람들은 이제 혈액 은행이나 안구 은행에 협력하는 것처럼 간단하게 자기의 뇌를 인공 두뇌 센터에 보낼 생각을 갖게 되었다.

인공 두뇌의 최초 실험에는 사고로 죽은 젊은 과학자의 뇌가 사용되었다. 머지않아 세계 일류 학자가 되리라는 기대를 받았던 매리언이라는 청년이었다. 매리언은 자기의 뇌를 실험에 사용해도 좋다는 유언을 남겨 놓았던 것이다.

매리언의 뇌를 사용했던 인공 두뇌는 기대 이상의 훌륭한 성과를 올렸다. 큰 빌딩 크기만큼이나 되는 전자 두뇌의 장치로는 이 인공 두뇌의 흉내도 낼 수 없었다.

매리언의 인공 두뇌는, 미국의 무역을 앞으로 어떤 방법으로 해 나가면 가장 좋을까 하는 어려운 문제를 정확하게 가르쳐 주었다. 큰 규모의 회사 사장들 50명과 정부 장관 50명이 모여서 한 달 걸려 논의하는 것보다 훨씬 나은 해답을 이 인공 두뇌는 단지 한 시간 만에 풀어냈던 것이다.

존도 매리언의 뇌를 사용했던 실험을 알고 있었다.

그때 학자들은 이렇게 말했다.

"죽은 개구리의 발에 전기를 넣으면 바르르 떤다. 죽은 사람의 뇌도 그 같은 것이다. 살아 있기나 한 것처럼 불쌍히 여길 필요는 없다. 죽은 자의 뇌는 어디까지나 죽은 뇌일 뿐이야."

존은 또한 마더와 자기가 인공 두뇌 센터와 계약을 맺던 때의 일을 생각했다. 그 때 관리 부장인 헤닝거는 능글맞은 웃음을 띠면서 두 사람과 악수를 하며 말했다.

"두 분의 뇌는 이제 이 센터의 재산이 되었으니까, 아무쪼록 각별히 취급하시오."

존의 뇌는 여러 가지 추억과 생각 속을 헤매던 끝에, 차라리 잠깐 잠이라도 자고 싶어졌다. 그러나 뇌에 공급되는 영양은 뇌가 잠을 자지 않아도 피곤하지 않게 하는 힘이 있었다. 아니, 오히려 뇌가 잠들지 못하도록 하고 있었다. 기계 속에 조립되어진 후, 뇌가 가끔 졸기라도 하면 큰일이기 때문이었다. 그렇게 되면 기계로써 쓸모가 없게 되는 것이다.

'야단났는데. 마더와 나의 뇌가 노예처럼 혹사당하게 되었군. 뇌 속에 살아 있는 인간의 혼이 계속 비명을 지르게 될 판이야.'

존은 아득히 먼 옛날에 있었던 노예선을 생각해 보았다.

감옥 같은 그 배의 밑바닥에서 포로나 노예들이 쇠사슬에 묶인 채로 나란히 앉아, 가죽 채찍을 맞으며 배를 저었다. 위풍도 당당했던 노예선은 그런 사람들의 한탄과 고통과 희생으로 움직였던 것이다.

이 센터가 자랑하는 인공 두뇌도 그야말로 노예선과 같은 것이다. 인간의 뇌를 노예로 삼은 잔인한 장치인 것이다.

'어떻게 하면 좋을까? 데밍 박사도 우리들의 일을 걱정하고 있다. 그러기에…….'

바로 그 때였다. 누군가 다가왔다.

'아, 데밍 박사군.'

아까처럼 종이가 비쳐 보였다.

존, 나는 지금부터 위원회에 출석한다. 어떻게 될는지 나도 알지 못한다. 그러나 될 수 있는 대로 노력해 볼 작정이다.

"박사님! 데밍 형님! 도대체 마더는 어떻게 되었습니까?"

그렇지만 입이 없는 존의 외침이, 박사에게 전달될 리가 없었다. 박사는 빠른 걸음으로 그 곳을 떠나가 버렸다.

총탄

데밍 박사는 회의실로 향하기 전에, 자기 연구실에 들러 조수를 불렀다.

"헨리, 부탁했던 일은 어떻게 됐나?"

"잘 됐습니다. 친구가 비밀 서류를 조사해 주었습니다. 이 센터의 위원들 중에는 15명이나 '나의 뇌를 센터에서 사용하게 한다.' 라는 계약을 남 몰래 취소하고 있습니다. 정부 쪽의 위원들은 모두 그렇게 했습니다."

"언제 취소했던가?"

"3년 전입니다."

"뭐? 계약을 맺은 것도 3년 전일 텐데."

"그렇습니다. 계약을 맺을 때는 자기들이 먼저 모범을

보여 주는 체하고는 그 닷새 후에 한통속이 되어 살그머니 취소했습니다. 이것이 바로 그들의 명단입니다."

"비겁한 일이군. 그렇다면 자네에게 한 가지 더 부탁이 있네. 내가 위원회에 출석하고 있는 사이에, 자네는 내가 한데 모아 놓은 서류를 전부 우리집으로 가져다주게. 그런데 누구의 눈에도 띄지 않도록 해야 돼, 알겠나? 그리고 우리 집사람 캐더린에게 서류를 감춰놓으라고 일러 주게. 부탁하네."

그리고 나서 데밍 박사는 회의실로 갔다.

회의실에는 위원들이 크고 긴 책상 앞에 나란히 앉아있었다. 정치가도 있고 경제학자도 있고 과학자도 있었다. 전부 26명이다.

의장은 저젠 박사였다. 백발이 깨끗하고 몸집이 작은 사람이었다. 인공 두뇌 학자로서 세계적으로 유명했다.

회의가 시작되었다. 저젠 의장이 말했다.

"과학 위원 데밍 박사, 발언하십시오."

데밍 박사는 일어서서 위원들을 둘러보았다.

'이 26명 중에서 누구누구가 나의 편을 들어 줄까? 의장인 저젠 박사는 틀림없이 나의 편이다. 세포학자인 라이버그 박사와 두뇌학자인 벤슨 박사도 나의 발언에 찬성할 것이다.'

데밍 박사는 인공 두뇌의 발달사에 관해서 아주 간단하게 언급한 다음, 자기가 말해야 할 바를 힘주어 진술했다.

"확실히 인공 두뇌는 놀라운 성능을 가지고 있습니다. 그렇지만 죽은 사람의 뇌는 두개골이 없다 해도, 시체에서 꺼내어 영양을 주고 활동을 하게 하는 이상 계속 살아 있는 것입니다. 다시 말하면, 죽은 사람의 생명이 뇌 속에 살고 있다는 기묘한 현상이 됩니다. 그러나 기묘한 일이

긴 하지만 이것은 사실입니다. 어떤 사람은 그것이 살아 있는 것이 아니라 단지 전기의 쇼크로 활동하고 있을 뿐이라고 말합니다. 그 뇌는 생각도 하지 못할 뿐더러 고통도 결코 느끼지 않는다고 말하고 있습니다. 그러나 과연 그럴까요? 내가 연구해온 바에 따르면, 결코 그렇지 않습니다. 뇌는 생명을 가지고 있습니다. 생각하는 일도 할 수 있습니다."

회의실에는 갑자기 찬물을 끼얹은 듯한 불안스러운 분위기가 감돌았다. 정부를 대표하고 있는 정치 위원들은 교만하고 비웃는 듯한 표정을 하고 있었으나, 속으로는 몹시 당황하여 자기들 동료를 서로 흘낏흘낏 쳐다보았다.

데밍 박사는 더욱 용기를 내어 말을 계속했다.

"위원 여러분, 인간의 뇌를 사용한 인공 두뇌는 쓰지 않도록 해야 합니다. 구식 전자 두뇌 사용으로 되돌아가야 합니다. 전자 두뇌로는 나라가 발전하지 못한다고 하지만, 인공 두뇌를 써서 발전한다는 것은 그야말로 인간의 윤리에 벗어난 것입니다. 현재 자신의 뇌를 사용해도 좋다고 이 센터와 계약을 맺은 사람은, 전국에 약 100만 명이나 됩니다. 그러나 계약은 모두 해약하지 않으면 안 됩니다. 인간을 더 이상 인공 두뇌의 희생물로 만들어서는 안 됩니다."

정부 측의 비에르 위원이 대답했다.

"당신의 말대로 뇌가 살아 있어 언제까지나 생명이 있다고 한다면, 오히려 좋은 일이 아니겠소? 그 뇌는 즐거워하고 있을 지도 모르지 않소?"

"그렇지 않습니다. 그 생명은 괴로워하고 있습니다. 뇌만이, 그것도 기계가 되어 살아간다는 것을 즐거워할 사람이 이 위원들 가운데 한 분이라도 있습니까? 비에르 위원은 마음에도 없는 말을 하고 있습니다. 국민을 속여서라도 정부가 무사 평온하기만 하면 된다는 생각을 하고 있는 것 같습니다. 그 증거를 나는 가지고 있습니다. 비에르 위원도 계약을 맺은 지 불과 닷새 후에 남 몰래 계약을 취소한 사람들 중의 한분입니다."

정부 측 위원들의 얼굴빛이 모두 변했다. 경제학자인 아미슈 박사가 긴 턱수염을 만지면서 고함을 쳤다.

"나라가 번영하기 위해서 인공 두뇌는 대단히 중요한 역할을 하는 것이오. 그 덕택으로 우리 미국은 세계 제일의 풍요로운 삶을 누릴 수 있는 평화의 나라가 되었소. 죽은 사람의 뇌라면, 비록 그것이 살아 있든 그렇지 않든 간에 인류에 유익하게 쓰면 되는 거요. 이 의논은 그만둡시다."

뒤를 이어 네 사람의 위원들이 차례로 일어서서, 데밍 박사의 의견에 반대했다.

데밍 박사는 각오를 했다.

“이것이 현재 미국 정부의 태도로군요. 겉으로는 좋은 것만 늘어놓고, 뒤로는 매우 잔인한 짓을 하고, 그것을 국민에게는 감추려고만 하니⋯⋯ 좋습니다. 그렇다면 내가 연구해 온 것과 조사한 사실들을 세계의 구석구석까지 알리겠습니다. 진실을 알리겠습니다. 이 센터와 계약한 100만 명과 그 가족과 친척들이 모두 나의 편에 서 줄 것입니다.”

의장인 저젠 박사는 백발의 머리를 느릿느릿 흔들면서 중얼거렸다.

“데밍 박사, 자네는 할 거야. 우리가 아무리 말려도 소용없는 일이지.”

그리고 누군가에게 신호하는 듯, 한 손을 약간 들어 올렸다.

바로 그 순간 회의실 구석 쪽에서 날카로운 총소리가 울렸다. 한 발, 두 발, 세 발⋯⋯. 세 발이 모두 데밍 박사의 가슴을 꿰뚫었다.

데밍 박사는 꺾어지듯 책상 위로 엎어졌다. 마지막 힘을 쥐어짜면서, 그는 끝까지 자기 편이라 생각했던 저젠 의장을 뚫어지게 노려보았다. 정신이 아득해졌다.

데밍 박사는 저젠 의장의 표정이 이렇게 말하는 것 같다고 생각했다.

"미안하네, 데밍 박사. 그러나 국가가 하는 일에 반항하는 것은 쓸데없는 일이야. 반항하는 자는 결국 자네처럼 되도록 정해져 있다네."

괴물 합성

존의 뇌는 기계 속으로 조립되어 들어갔다. 인공 두뇌에 사용되기 전에 테스트가 시작되었다.

전기 회로의 테이프로부터 뇌에 수많은 신호가 뛰어들어왔다. 공중을 가득 메운 메뚜기 떼가 날아오는 듯한 느낌이다. 존은 처음에는 몹시 무서웠다.

존은 자신의 뇌가 기계로 쓰이게 되면 콕콕 찔리는 것처럼 매우 아플 것이라고 생각했다. 그러나 뇌는 마비가 되어 아프지 않았다. 다만 뇌의 깊숙한 속에서부터 '지지지' 하고 울리는 소리를 듣게 되자, 마치 치과 의사가 쓰는 기계 소리와 비슷해서 기분이 좋지 않았다.

테스트가 끝나자 존의 뇌는 자기 자신으로 돌아왔다.

존의 뇌 수광판 앞을 기술자들이 지나가는 일이 종종 있었다. 그 가운데는 낯익은 사람도 있었다. 그러나 데밍 박사는 그 후 통 보이지 않았다.

'어찌 된 일일까? 박사는 틀림없이 나를 자유의 몸이 되도록 만들 방법을 생각하고 있겠지. 그건 그렇다 치고 마더가 어떻게 되었는지 누군가 와서 알려 주었으면 좋으련만.'

이렇게 10일 이상이나 지나갔다. 존은 기다리다 지쳐 버렸다.

'데밍 박사가 머지않아 어떻게 도와주겠지만, 그것만을 기다리면서 멍하니 있을 수만은 없다. 그렇지만 나는 입도 귀도 없고, 손도 발도 없다. 어떻게 하면 좋을까? 무슨 좋은 방법이 없을까?'

그러자 존은 엉뚱한 것을 생각해 냈다. 존의 연구실이 이 센터 안에 있다는 것이 기억났던 것이다. 거기서 존은 생명을 만들어 내는 연구를 했었다. 단백질체가 세포로 변하게 되면 거기에 특별한 방사선을 쐬어 세포를 마구 불어나게 만드는 연구였다. 그렇다면 그 세포를 한데 모아 나의 지시대로 움직이는 생물을 만들어 낼 수는 없을까?

존은 자기의 조수로 사용했던 기술 로봇을 생각했다. 그 로봇은 인공 두뇌가 방출하는 전파로 조종될 수 있었다. 인공 두뇌에게 일을 맡기면, 인공 두뇌는 어김없이 계산하면서 로봇으로 하여금 그 주인의 생각대로 움직이게 하는 것이다.

'나의 연구실도 기술 로봇도 아직 그대로 있을 것이다. 그렇지만 잘 될까? 부탁해! 잘 되어 주길 바란다.'

존은 이미 인공 두뇌 속에 넣어져 있었다. 그리고 지금 그 인공 두뇌를 통해서, 자기의 기술 로봇을 사용하려고 하는 것이다.

로봇을 움직이게 하는 지령 전파를 훌륭히 방출할 수 있을까?

존의 연구실이었던 82호실의 문은 닫힌 채로 있었다. 방 안에는 아무도 없다. 움직이고 있는 것은 아무것도 없었다.

갑자기 배전판의 파란 등이 켜졌다.

"찰깍!"

어디선가 작은 소리가 나며 뭔가 방구석에서 움직였다. 존의 기술 로봇이었다.

기술 로봇은 낮이고 밤이고 쉬지 않고 나흘 동안이나 걸려서 기묘한 것을 하나 만들어 냈다.

사람의 주먹만한 크기의 희고 말랑말랑한 것이었다. 덩어리의 위쪽으로 커다란 눈이 하나만 붙어 있었다. 눈꺼풀이 없는 떠 있는 눈이었다.

손도 발도 없었다. 그것은 가끔 실룩실룩 경련을 일으켰다. 소름이 끼칠 정도로 기분 나쁘게 생긴 괴물이었다. 그 누구도 알지 못하는, 이 세상에서 처음 보는 생물이었다.

학문적으로 말하면 '합성 신경 세포 군괴' 라고 하는 까다로운 명칭이 될 것이다. 이것은 바로 존이 인공 두뇌속에서 지시하여 만든 생물이었다. 엉뚱한 괴물이 만들어졌지만, 그래도 존은 마침내 그것을 완성한 것이다.

존은 기술 로봇에게 연락할 때 그것을 '합성 신경 세포 군괴' 라는 긴 이름을 부르지 않았다. 이름을 줄여서 '합성 신경' 이라고 불렀다. 그러나 나중에는 그것도 길어서 그저 '합성' 이라고 부르기로 했다.

그 합성은 존의 생각대로 움직여 주었다. 존의 뇌파에 의해 움직였다. 그뿐만 아니었다. 괴물 합성의 한 개뿐인 눈을 통해서 존은 보고 싶은 쪽을 볼 수도 있었다. 그렇게 되고 보니, 합성은 존의 변신 같은 것이 되었다. 그러나 역시 조종하는 데 익숙하게 될 때까지는 상당한 노력이 필요할 것 같았다.

존은 계속해서 두 번째 괴물을 만들어 냈다. 첫번째 것과 다름없이 보기에 그다지 기분이 좋지 않은 괴물이었다. 그러나 상당히 발전하여 이번에는 눈 이외에 귀도 달아 주는 데 성공할 수 있었다. 존은 이 '합성 2호' 를 사용해서 소리를 들을 수도 있게 되었다. 그런데 이 괴물 합성은 손과 발이 없었다. 존이 제아무리 생각을 짜내도, 아담

과 이브를 만들어 낸 하느님과 달랐던 것이다. 그렇지만 손과 발 대신에 배에 마치 용수철처럼 탄력 있는 두 개의 근육을 붙이는 데 성공했다. 그 근육으로 합성을 깡총깡총 기운차게 뛰게 할 수 있었다.

존은 개구리의 화신같이 희고 통통한 괴물 합성 1호와 2호를, 기술 로봇에게 지시해서 창문 밖으로 살짝 내놓게 했다. 그리고는 합성의 눈을 통해서 합성이 있을 자리를 정해 놓았다. 그 곳은 건물 귀퉁이에 있는 풀숲 속이었다.

그 곳이라면 누구의 눈에도 띄지 않을 것이다.

'후유, 이젠…….'

존은 안심했다. 조금이나마 편안한 기분이 된 것은 자동차 사고로 죽은 후 처음이었다.

'아니, 저 차는……?'

괴물 합성의 눈에 고속 도로를 벗어나 센터 쪽으로 들어오던 노란 자동차가 비쳤다. 그러나 노란 자동차 같은 건 흔히 볼 수 있는 것이었다. 그렇지만 존은 웬일인지, 그 자동차를 어디선가 본 적이 있는 듯한 기분이 들었다. 차는 센터의 주차장 안으로 들어갔다. 그러나 어떤 인물이 타고 있는지는 거리가 멀어서 알 수 없었다.

존은 합성 2호의 눈을 통해서 자동차의 뒤를 계속 쫓았다. 바로 그 때였다.

"앗, 저 차에요! 저 차가 산길 모퉁이 저 쪽에서 우리 차에 부딪쳐 왔었어요."

그 목소리는 마더의 목소리였다.

"마더, 마더, 어디에 있어?"

존은 노란 차의 일은 잊어버리고 커다랗게 외쳤다.

"여기에요, 여기요. 이상하군요. 여기가 어딘지 모르겠지만, 바깥쪽이 보여요. 저는 인공 두뇌 센터의 뜰에 있는 것 같아요, 그렇지만 존, 당신은 어디에 있어요? 그리고 저는 어디에 있는 거지요?"

존은 재빠르게 머리를 움직여 마더가 어디에 있는지 확실하게 알아 냈다.

"마더, 놀라지 말아요. 당신은 나와 함께 같은 인공 두뇌 속에 조립되어 들어왔어요. 당신은 지금 내가 만든 괴물 합성이라고 하는 생물의 눈을 통해서 바깥을 보고 있어요. 인공 두뇌의 회로로 당신과 나의 뇌가 연결되어 있어서 서로 목소리를 들을 수 있는 거요. 입으로 말하고 귀로 소리를 듣는 것이 아니라오. 우리들은 단지 생각이 뇌에서 뇌로 전달되고 있는 거요. 마더, 나에게 힘을 빌려 줘요. 나는 어떤 일을 해내려고 하는 중이오."

괴물 합성 3호

괴물 합성 1호와 2호는 건물 귀퉁이의 은신처에 웅크리고 앉아 있었다. 이윽고 한 개의 눈이 움직이기 시작했다. 존이 조작을 시작한 것이다. 1호도 2호도 움직였다.

인공 두뇌 속의 존과 마더가 이야기를 나누었다.

"이렇게 해서 합성은 내 대신 일을 해 주는 거야. 아주 보기 흉한 모습의 괴물이지만 말이야. 1호의 눈으로 2호를 좀 봐요. 비명을 지르고 싶을 거야. 그렇지만 모양은 2호 쪽이 1호보다 좀 낫지. 당신도 뇌파로 합성을 움직일 수 있을 거야. 내가 움직이고 싶으면 합성도 그대로 움직여 주는 거야. 그러나 역시 좀 익숙해지지 않으면 당황하게 돼요. 합성은 걷는 게 아니라 깡총깡총 뛰기 때문에 생각처럼 잘 되지는 않지. 마더, 걱정되는 일이 하나 있어. 당신의 오빠 데밍 박사가 통 보이지 않는 거야. 틀림없이 무슨 일이 생긴 모양이야. 하지만 그렇다고 합성을 시켜서, 센터 안을 찾아 헤매게 할 수는 없단 말이야."

"오빠 집에 가 보도록 하면 어떨까요? 그러나 걷거나 깡총깡총 뛰어서는 하루 종일 걸려도 가지 못해요."

"그래, 데밍 박사의 집에 가 보면 틀림없이 알게 될 거야. 옳지, 주차장의 자동차를 이용하자. 합성이 찰싹 달라붙어 타고 갈 수 있는 차가 거기 있을 거야."

두 마리의 합성은 마음에 드는 차를 하나 골라 차 뒤에 찰싹 달라붙었다. 그러나 그 차는 반대 방향으로 달려갔다. 합성은 차가 네거리에서 멈췄을 때, 부랴부랴 굴러떨어져 나와 다른 차에 얼른 달라붙었다. 그러다 보니 시간만 계속 헛되게 보냈다. 목적지에 가까워졌을 때 차가 멈췄기 때문에 부득이 뛰어내렸지만, 앞으로 2킬로미터 정도는 제 힘으로 뛰어가야 했다. 한낮의 햇볕이 합성의 등에 따갑게 내리쬐었다.

그러자 이게 어찌 된 일인가? 합성의 눈이 잘 보이지 않게 되었던 것이다. 게다가 줄곧 뛰어가다 보니, 몸체가 망망가져서 자꾸 뒤집어지기 시작했다. 거리가 멀어 존이

조종하기 힘들기 때문일까? 그렇잖으면 두 마리 다 고장을 일으킨 것일까?

"눈이 보이지 않는데. 음, 눈이……."

존은 초조해졌다.

한 마리는 결국 놓치고 말았다. 그 합성과 연락이 끊어진 것이다. 존은 나머지 한 마리를, 길가에 있는 상점의 진열장까지 빨리 뛰어가게 했다. 그리고 한번 깡총 뛰어 진열장의 가장자리로 올라가게 했다. 몸을 유리에 비춰 보았더니, 등이 녹아 버린 아이스크림처럼 되어 있었다. 햇볕에 타서 짓무른 것이다.

존은 곧 이 합성을 풀숲 속에 감췄다. 주변의 풍경이 어두워졌다. 눈이 보이지 않게 되었기 때문이다. 이 합성도 이젠 쓸모없게 됐나 보다.

존은 결국 단념했다. 합성 1호와 2호는 보기 흉한 괴물인 데다가, 데밍 박사의 집까지 심부름을 보낼 수도 없었다. 그러나 존은 좌절할 수 없었다.

곧 합성 3호를 만들기 시작했다. 기술 로봇은 기억 장치가 있어서 1호와 2호를 제작했을 때의 절차를 기억했다. 그래서 지시를 하는 존도 훨씬 편해졌다.

그렇지만, 합성을 개량하기 위해 머리를 많이 써야만 했

다. 존은 햇볕에 합성의 피부가 잘 견딜 수 있도록 세포의 영양 속에 로데아톤이라고 하는 약을 넣었다.

꼭 10일 걸려서, 합성 3호 다섯 마리가 생겨났다. 여전히 꼴불견이었다. 그러나 잘 뛰었다. 그리고 풀을 먹고 몸을 튼튼히 할 수 있도록 입이 붙어 있었다.

피부는 자외선에 견딜 수 있도록 때문은 회색이었다.

눈은 얼굴 한가운데 하나가 있을 뿐이었고, 콧구멍은 없었으며, 호흡은 피부로 했다.

입은 더욱 형편 없었다. 단지 동그랗고 작은 구멍이 열려 있고, 둘레에 톱니 같은 예리한 쇠이빨이 끼여 있다. 의치를 넣은 까닭은 칼슘으로 이를 만드는 데에 필요한 원료가 부족하여 할 수 없었다.

다섯 마리의 합성 3호는 데밍 박사의 집을 향하여 출발했다.

박사의 서류

다섯 마리의 합성 괴물 3호는 먼저처럼 주차장에 있는 자동차에 무임승차를 했다. 한 마리가 차가 시동할 때의 충격으로 굴러 떨어졌지만, 다시 잽싸게 뛰어 올라탔다.

그러나 목적지에 가까이 왔을 때 보니 역시 한 마리가 보이지 않았다. 어디선지 몰라도 차가 흔들리는 바람에 굴러 떨어졌나 보다.

네 마리의 합성은 차에서 내리자 데밍 박사의 집을 향하여 깡총깡총 뛰어가기 시작했다. 존이나 마더가 정신을 차리지 않으면, 한 마리만은 웬일인지 꼭 옆으로 빠져나가려는 버릇이 있었다.

합성들이 데밍 박사의 집에 닿았을 때는 어느 새 밤이

되어 있었다. 집 안은 캄캄했다. 그렇지만 문은 열려 있었다.

합성의 눈은 적외선으로 느끼기 때문에, 어두워도 주위를 잘 볼 수 있었다. 합성은 주위를 살피고 난 다음 세 마리는 밖에서 기다리고, 한 마리만 집 안으로 들어갔다.

테라스의 의자에 데밍 박사의 부인 캐더린이 앉아 있는 것이 보였다. 그녀는 정원을 멍하니 바라보고 있었다. 데밍 박사가 돌아올 때까지 언제까지나 그렇게 기다리고 있을 듯한 모습이었다.

"데밍 부인."

존은 합성의 입을 빌려서 살짝 불렀다. 캐더린은 잠자코 있었다. 들리지 않는 모양이다.

마더가 존에게 속삭였다.

"제발 놀라지 않게 하세요."

"응."

존은 또다시 될 수 있는 대로 부드러운 목소리로 캐더린을 불렀다.

"데밍 부인."

캐더린은 깜짝 놀라서 머리를 들었다.

"누구세요?"

"데밍 부인, 저 존입니다."

캐더린은 비명을 지르고 싶은 것을 간신히 참고 떨리는 목소리로 말했다.

"누구시라고요? 어디에 있지요? 제발 농담하지 말아요. 존이라면 정말 기쁘겠지만, 존은 교통 사고를 당해서 한 달 전에 이미 죽었어요. 더구나 지금 그 목소리는 존이 아닙니다."

"부인, 이해하시기 힘들겠지만 저는 역시 존입니다. 놀라지 말아 주십시오. 여기에 마더도 있어요."

"그래요, 새언니. 저는 마더에요. 언니에겐 아까 존의 목소리와 같은 소리로 들리겠지만, 언니 믿어 주세요. 우리들은 오빠의 일이 걱정이 돼서 왔어요."

"당신들은 지금 어디에 있어요? 나는 역시 믿을 수 없어요. 존, 마더, 지금 그 말이 사실이라면 당장 모습을 보여 주세요."

"저희들은 모습을 나타낼 수가 없어요. 그것이 안타깝습니다. 그렇지만, 그렇지만……."

존은 망설이다가 서둘러 말했다.

"놀라지 마세요. 우리를 대신하고 있는 것이 옆에 있으니 그럼 봐 주십시오. 비록 보기 좋은 모양은 아니지

만…….”

“언니, 제발 비명을 지르면 안 돼요. 이것은 보기 흉한 모습이에요, 하지만 우리들의 귀염둥이에요. 아니 귀염둥이보다도 훨씬 귀중해요. 이것 덕분에 우리들이 여기 와서 얘기도 하고, 언니를 볼 수도 있는 거예요.”

“테이블 위를 보십시오.”

존은 말한 다음, 합성을 테이블 위로 깡총 뛰어올라 가게 했다.

캐더린은 전기 스탠드의 불을 켰다. 그러자 초록빛으로

반짝거리는 합성의 눈이 나타났다. 합성의 딱 벌어진 입에서 검은 강철 이가 무시무시하게 드러나 있었다.

캐더린은 생전 처음 보는 괴물의 모습에 놀라 비명을 질렀다. 존은 각오하고 있던 터였지만, 실망했다.

"우리들은 이 괴물을 신뢰하고 있습니다. 이 괴물이 어떻게 해서 우리를 대신하고 있는지 나중에 천천히 얘기하겠습니다. 그런데 박사님은 아직 센터에서 돌아오지 않았습니까?"

그러자 캐더린은 갑자기 손으로 얼굴을 가리더니 흐느껴 울기 시작했다.

"그 분은 돌아가셨어요. 죽었어요. 나는 미칠 것 같아요. 센터에서 전하는 말로는 실험실에서 발생한 사고 때문이라는 거예요. 그 분의 뇌는 지금 센터에 있어요."

그렇게 말은 하면서도 캐더린은 도무지 믿지 못할 일이라고 생각했다. 박사의 사고가 있던 날, 그 소식보다 앞서서 박사의 조수가 허둥지둥 달려와서 서류를 넘겨주며 말했다.

"잘 감춰 두십시오."

그 때, 조수의 말로는 박사가 지금 위원회에 출석하고 있다는 것이었다.

'실험실에서가 아니라 위원회에서 무슨 일이 일어난 게 아닐까?'

캐더린은 이런 의심을 품었었다.

"그래요, 존. 이 괴물 같은 생물이 정말 당신 대신이라면 내가 숨겨 두었던 서류를 함께 봐 줄 수 있겠어요? 존이라면 그 서류가 어떤 것인지 잘 알 수 있을거예요."

"데밍 박사님은 저에게도 위원회에 출석한다고 종이에 써서 알려 주었습니다. 저는 기다리고 있었지만 그 후로는 통 박사님을 만나지 못했어요."

이어서 마더가 말했다.

"오빠는 무슨 일이 일어나리라 예상했던 것 같군요."

캐더린은 서류를 가지러 박사의 서재로 갔다. 그 뒤를 합성이 깡총깡총 뛰면서 따라갔다. 캐더린은 그런 모습이 걱정스러운지, 자주 합성을 뒤돌아보았다. 이 괴물이 존과 마더라고는 아무리 애써 봐도 믿어지지 않는 심정이었다.

캐더린이 서재의 램프를 켜려고 하자, 존의 합성이 말렸다.

"캄캄하게 두는 게 좋겠어요. 저는 불빛이 없어도 잘 보입니다. 그 서류가 감춰 두지 않으면 안 될 만큼 중요한 것이라면, 어딘가에서 박사님의 적이 노리고 있다고 봐야 해요. 어쩌면 박사님은 살해되었는지 몰라요. 저는 그런 느낌이 듭니다. 조심해야 해요."

캐더린은 신음하듯이 말했다.

"존, 나도 몇 번이고 그렇게 생각해 보았어요. 그렇지만 존, 인공 두뇌 센터는 정부와 똑같은 국가의 최고 연구소예요. 그런데 국가가 설마 그런 나쁜 짓을 했으려고요?"

"국가라는 인물은 없습니다. 사람이 나라를 만들고, 정부를 세우고 조직하는 겁니다. 한 사람이라면 잘못된 일도 저지를 수 있어요. 센터 안의 어떤 세력이 데밍 박사의 의견을 귀찮게 여겼는지도 모르죠. 누가 데밍 박사의 적이었는지 모르지만요. 그러나 서류를 보면 대충 짐작할 수 있을 겁니다. 서류를 테이블 위에 놓아 주십시오."

합성은 테이블 위로 뛰어올라갔다.

캐더린이 어둠 속에서 서류를 펴 들고 한장 한장 넘기자, 존은 그것을 재빨리 읽어내려갔다.

존은 가끔

"그 종이는 따로 두십시오."

하고 부탁했다. 서류를 모두 읽고 난 다음 존은 캐더린에게 이렇게 말했다.

"제가 골라 낸 서류를 복사해서, 센트럴 신문사의 랜돌프 기자에게 보내 주십시오. 데밍 박사는 자기 몸에 이상한 사고가 생기면 그렇게 해 달라고 서류에 적어놓았습니다."

"왜 그랬을까요?"

"박사는 정부가 잘못하고 있는 인공 두뇌의 일을 국민전체에게 알리고 싶었던 겁니다."

"왜 죽게 되었는지 이야기한 부분은 없어요?"

"이 서류의 내용이 신문에 발표되면, 인공 두뇌 센터의 누군가가 당황해할 겁니다. 그렇게 되면 머지않아 박사가 왜 사라지게 되었는가 하는 것도 자연히 알게 되겠지요. 여기에 제가 만든 생물 두 마리를 놓아 두겠어요. 이름은 '합성' 이에요. 이것들을 통해 서로 연락을 할 수 있으니 매우 편리할 겁니다. 우리들은 다른 합성을 가지고 있어요. 앞으로 더욱 많이 만들어 두는 게 좋을 것 같군요."

캐더린은 마지못해 미소지었다.

"그렇다면 내가 이 합성을 맡아 두지요. 귀여워하겠어요. 그렇지만 다음 번엔 좀더 아름다운 합성을 만들 수 있겠지요?"

랜돌프 기자

센트럴 신문사의 랜돌프 기자는 신문에 실릴 뉴스를 가려 내고 있었다.

그러다가 가끔 눈살을 찌푸리고 코방귀를 뀌었다. 기분이 좋지 않을 때의 그의 버릇이었다. 골라 낸 뉴스 가운데서 그의 마음에 드는 것은 '우주에서 온 괴물인 작은 동물' 이라는 기사였다.

워싱턴 시의 비글로 위생 관리관은, 워싱턴 시에 신종 페스트가 발생한 것은 조금 전에 발견된 두 마리의 괴상한 작은 동물 때문이라고 말하고 있다. 이 작은 동물은 개구리를 닮았는데, 우주에서 옮겨 온 것으로 생각된다고 한다. 모든 우주선에는 이착륙할 때 주의하도록 엄중한 지령이 내려졌다. 이 정체 불명의 괴동물 가운데 하나는 워싱턴 시내의 주택 지역에서 썩은 시체로 발견되었다. 피부는 거의 광선에 탄 것으로 보아, 평소에 햇볕을 쬐지 않았다는 증거가 된다. 또 한 마리는 개에게 잡혀 시달리다 죽은 것을 그 개 임자가 발견하였다. 이 두 마리는 다 눈이 한 개 뿐이었는데, 나중에 발견된 것은 날카로운 잇바디를 가진 입이 있었고, 약간 거무튀튀한 피부였으며, 태양 광선에 타지는 않았다. 그러나 먼저 발견된 것에는 입 같은 것은 없었다.

아무튼 이 괴물은 지구의 생물이 아니며, 이후부터라도 우주 공항 부근에서 발견될 수 있으리라고 생각된다. 이와 같은 동물을 찾아 낸 사람은 즉시 경찰에 신고해 주기 바란다.

그런데 이 작은 동물에게 있어 가장 의문이 가는 이상스러운 점은, 작은 동물의 입에 철로 된 의치가 끼여 있었다는 것이다.

랜돌프 기자는 이 기사를 더욱 흥미로운 것으로 만들고 싶었다.

'매디슨 편집장이 묵살해 버릴는지도 모르지만 뭐 상관할 건 없어.'

랜돌프 기자는 테이프의 스위치를 꽂아 놓고, 기사를 녹음 하기 시작했다.

"그 괴물 개구리는 남매였다. 먼 우주의 끝으로부터 머나먼 길을 따라 대모험을 해 왔다. 우주선을 만들어타고 날아오는 두 발 생물(인간)의 고향(지구)에는, 멋진 이상적인 세계가 있다는 말을 들었기 때문이다. 개구리 오빠 이름은 조우로서……."

랜돌프 기자는 책상 위에 놓인 우편물 묶음을 보고 기사를 녹음 하는 것을 멈췄다. 맨 위에 있는 봉투에 캐더린 데밍이라는 이름이 적혀 있었다.

"캐더린 데밍……캐더린 데밍. 어디서 많이 들어 본 이름인데. 우주 개구리의 오빠 이름은 조우이고, 여동생 개구리의 이름은 캐더린이며, 이 괴물 개구리 데밍 집안의 남매는……데밍? 오! 그렇지. 지난번 사고로 죽었던 인공두뇌 센터의 과학 위원 데밍 박사의 부인이 캐더린 데밍이었지."

데밍 박사와는 몇 번 만나 본 일이 있었다. 매우 훌륭하고 친절한 과학자였다. 랜돌프 기자는 괴물 개구리의 일

은 잊어버리고 그 묵직한 봉투를 재빨리 열어 보았다. 그리고 자신도 모르게 신음 소리를 냈다. 서류를 대강 넘겨 봤는데, 다음과 같은 말이 눈에 크게 띄었다.

“살아 있는 뇌를 노예로 하고 있는 인공 두뇌 센터.”

대통령과 정부는 그 사실을 알고 있으면서도 뇌는 죽어 있다고 우겨 대고 있다.

그것은 인공 두뇌를 이용하여 세계 최고의 힘을 가진 국가가 되고 싶기 때문이다.

정부가 실험을 위해, 지금까지 죽인 것으로 생각되는 과학자의 명단은…….

"이것은 굉장한 기사가 되겠는데. 이것이 과연 사실이라면, 앞으로 큰 소동이 일어나서 정부 자체가 뒤집힐 것이다."

랜돌프 기자는 즉시 매디슨 편집장실로 뛰어갔다.

"이걸 보십시오. 신문 전면에 박아 넣을 일대 뉴스입니다."

매디슨 편집장은 넘겨 준 서류를 젖히면서 온몸을 부들부들 떨었다.

"이걸 섣불리 기사화했다간 정부가 우리 신문사를 몽땅 부숴 버릴 거요."

"무슨 말씀입니까, 편집장님? 진실을 국민에게 알리기 위해 데밍 박사가 저에게 보내도록 남겨 둔 겁니다."

"그 데밍 박사가 만일 정신 이상이었다면 어떻게 하겠소. 차라리 이 서류에 적혀 있는 사실을 인공 두뇌센터에 알려 대답을 기다리는 편이 무난할 거요."

"그런 바보 같은 짓을 어떻게 할 수 있겠습니까? 진실을 쓰는 것은 신문의 의무입니다."

"그렇긴 하지만 신문사가 그런 일을 한다면 항상 정부의 심한 방해를 받게 돼요."

"정부가 방해를 하기도 전에 편집장님이 먼저 제가 기사

쓰는 것을 방해하고 있군요. 당신은 단지 기사가 나가면 목이 잘린다는 그 일만 걱정하고 있습니다. 서류를 이리 주십시오, 저에게 온 것이니까. 이젠 당신하고는 상의할 수가 없어요."

"이 사람아, 무턱대고 나대면 목이 잘리는 거야."

"그렇다면 목이 잘리기 전에, 이 쪽에서 먼저 물러나겠어요."

랜돌프 기자는 서류를 낚아채 가지고 편집장실을 뛰어나왔다. 그는 책상을 정돈하고 나서 급히 신문사에서 나왔다. 한 시간 가량 후였다.

신문사를 그만둔 랜돌프는 인공 두뇌 센터 근처의 공원으로 갔다. 가끔 얼굴을 쳐들고, 센터의 거대한 건물을 노려보았다.

그리고 나서 랜돌프는 도로를 건너기 시작했다. 바로 그때였다. 어떤 차가 랜돌프를 향하여 굉장한 속도로 달려왔다. 노란 차였다.

한순간의 일이었다. 랜돌프는 탁 퉁기어 길바닥에 엎어졌다. 노란 차는 멈췄다. 노란 차에서 세 사람이 천천히 내려왔다.

금세 사람들이 모여들었다. 사이렌을 울리면서 경찰차

가 달려왔다. 경찰관들은 랜돌프의 시체를 앰블런스에 실어 보내고, 노란 차를 경호하듯이 하여 운집한 사람들 속을 빠져나갔다. 잠깐 달리다가 노란 차와 경찰차는 서로 신호를 교환하고 헤어졌다. 경찰차는 워싱턴 경찰서로 돌아왔다.

워싱턴 경찰은 공원 앞에서 사고를 일으킨 차를 건드리지 말라는 정부의 급한 지시를 받고 그대로 한 것이었다.

합성, 탐정이 되다

랜돌프가 교통 사고를 당했던 현장 가까이에는 마침 두 마리의 괴물 합성이 있었다. 합성은 한동안 공원의 울타리 밑에 웅크리고 앉아 있었다.

"불쌍한 사람! 차는 일부러 저 사람을 겨냥하고 달려들었어요. 그런데 존, 차에 탔던 사내들을 눈여겨봤어요? 생각 안 나요? 그 남자에요. 그 얼굴이었어요!"

존은 그 몸서리나는 기억이, 방금 있었던 일처럼 선명하게 되살아났다. 산길을 돌아서는 모퉁이로부터 전속력으로 이 쪽을 향해 달려왔던 그 노란 자동차의 밉살스러울 만큼 뻔뻔스런 사나이들. 잔인하게 비뚤어진 얼굴. 쨍쨍 내리쬐던 햇볕. 눈이 어지럽게 기울어지던 자기의 자동

차. 흰 거품이 번들번들 일던 계곡 밑바닥. 그리고 마더의 비명…….

"마더, 아무래도 노란 차는 인공 두뇌 센터와 어떤 관계가 있는 모양이야. 난 말이야, 헤닝거 관리 부장이 이번 사고와 우리들의 사고와 또 데밍 박사의 사고와 무슨 연관이 있는 것같이 생각돼. 우리들이 센터와 계약을 맺었을 때 히죽거리던 헤닝거 부장의 모습이 아무래도 수상해."

"그렇다면 헤닝거 관리 부장에게 명령하는 사람은 도대체 누구일까요? 헤닝거는 그 거물의 꼭두각시 노릇을 하는 하수인에 불과한데 말예요."

"그야 그렇지만, 난 언젠가 헤닝거를 해치우겠어."

"안 돼요, 존 우리는 단지 사람의 뇌를 이용하는 인공 두뇌를 중지시키고, 지금 혹사당하고 있는 불쌍한 뇌들을 무덤으로 돌려보내 평온히 쉬게 하는 일만 하면 돼요. 그렇잖아요?"

"응. 생물학자 브라우닝 씨는 캐나다에서 사냥하고 있을 적에 어디선가 날아온 총알에 맞아 죽었어. 물리학자인 포스터는 수영의 명수였는데도 해변에서 익사했지. 또 우주 항해 기술자 에스퍼드는 연구실에서 원인 불명의 폭발

사고로 사망했어. 그 사람들의 뇌는 기다리고 있었다는 듯이, 곧장 인공 두뇌 센터로 운반되었지. 지금 노란 차에 치여 죽은 사람은 누군지 모르지만, 이미 그의 뇌도 인공 두뇌 센터로 가기로 되어 있을걸."

그 사람이 누구인지, 존과 마더는 곧 알게 되었다. 빌딩의 전광 뉴스판이 저녁 어둠 속에서 선명하게 깜박거렸기 때문이었다.

센트럴 신문사의 기자 랜돌프 씨는, 오늘 오후 2시에 공원의 한길에서 교통 사고로 사망했다. 랜돌프 기자의 마지막 기사는, 우주에서 잠입한 개구리같이 괴상하게 생긴 작은 동물에 관한 것이었다. 이 동물이 신종 페스트를 퍼뜨리고 있는 듯하다는 것이었다. 이와 같은 괴물을 발견하면, 즉시…….

"괴물은 우리의 합성을 말하는 거야. 합성은 당치도 않은 의혹을 사서 엉뚱한 우주 방문객 취급을 받고 있는데."

"이젠 함부로 돌아다닐 수 없게 됐군요."

"당장 센터로 돌아갑시다. 뉴스가 널리 퍼지기 전에 우리가 할 수 있는 일을 미리 해 두는 게 좋을 것 같군."

존과 마더는 두 마리의 합성을 센터의 뒤쪽으로 옮겨놓았다.

뒤쪽 입구에는, 마침 누군가의 시체를 넣은 관이 두 구나 도착해 있었다. 센터와 뇌 계약을 했던 사람의 시체일 것이다. 작업원이 작업 로봇을 부려 트럭에서 관을 내려놓은 다음, 그 관을 엘리베이터로 향한 벨트 위에 얹어 놓았다. 작업원이 잠깐 얼굴을 돌린 사이에, 두 마리의 합성은 벨트에 뛰어 올라탔다.

"시체에 달라붙어 가다보면, 머지않아 틀림없이 기록실이 나올 거야. 90층이나 되는 이 센터의 건물 안을 어림짐작으로 찾아다녀 봤자 헛일이지."

합성은 수술실 앞에서 관과 헤어졌다.

옆방에서는 사무원 둘이 이야기를 나누고 있었다.

"난 말이야, 아무래도 이상하다고 생각해. 사고는 우연한 일인 것 같지 않아."

"나도 그런 기분이야. 센터와 계약한 사람은 모두 병으로 죽지 않고, 아직 팔팔할 때 꼭 사고로 죽는단 말이야."

이 두 사람은 도청 마이크가 장치되어 있는 줄도 모르고 위험한 이야기를 함부로 지껄이고 있었다. 내일은 자신들이 이 세상에 없게 될지도 모르면서 말이다.

사무원들은 두 구의 관에 대한 서류를 작성하여 그것을 뭉쳐서 금속통에 넣은 다음, 방 벽을 관통하는 호스 속에 그 통을 집어넣었다.

존이 속삭였다.

“마더, 저건 공기로 서류를 나르는 거야. 기록실에 연결되어 있는 게 틀림없어. 우리 한번 해 볼까, 어때?”

“좋아요, 물론.”

책상 그늘에 숨어 있던 두 마리의 합성은 호스 속으로 뛰어들어갔다. 땅을 향해 돌이 떨어지는 것과 같은 속도로, 합성들은 칠흑 같은 어둠 속으로 떨어졌다.

데밍 박사의 플래티나 상자

존은 정신을 잃고 쓰러질 것 같았다. 합성이 호스 속에서 빙빙 돌았기 때문이었다. 게다가 때때로 합성끼리 서로 부딪쳤다.

그 때마다 마더가 비명을 질렀다.

"아이고!"

속도는 점점 빨라져 갔다. 그러다가 갑자기 '쿵!' 하고 내동댕이쳐지며 멈췄다.

"음!"

아픔을 참으며 여기가 어딘가 하고 사방을 둘러보았더니 바구니 속이었다.

세 명의 여자 사무원이 카드를 기록하면서 무언가 재미나는 이야기를 지껄이고 있었다. 존은 그 중의 한사람이 루이즈라는 이름인 것을 알았다.

"저, 루이즈, 데밍 박사의 카드를 잠깐만 꺼내 보여줘요."

존의 합성은 그들의 눈에 띄지 않도록 재빨리 종이 부스러기 속으로 기어들어갔다.

루이즈라는 여 사무원은 건성으로 대답했다.

"이젠 퇴근할 시간이야. 내일 하면 어때요?"

그리고 나더니 멍청해진 눈으로 물었다.

"어마 패티, 너 언제부터 그렇게 감기든 목소리야? 지금 나한테 말한 건 너지?"

그러자 패티라고 하는 여 사무원은 기분이 언짢다는 듯이 말했다.

"난 감기 걸리지 않았어. 어차피 내 목소리는 감기 든 소리지 뭐야. 너 좀 이상하구나."

루이즈는 목을 움츠리고 정리기의 키를 눌러, 데 • 미 • ㅇ을 찍었다. 정리기에서 종이가 나왔다. 루이즈는 그것을 뽑아 들고 말했다.

"데밍이었지. '실험용. 극비45362. 분류93C.' 이거면 괜찮겠어? 어마, 패티는 사람에게 일을 시키고는 저만 살짝 가네. 기가 막혀서. 어쩌면 저렇게 뻔뻔스럽담."

패티가 뻔뻔스러운 것이 아니다. 존의 계략이 잘 들어맞은 것뿐이었다. 이제부터 루이즈와 패티가 말다툼을 할는지 어떨지, 그것을 구경할 마음의 여유가 존과 마더에게는 없었다.

"마더, 45362라고 하면 45층 362호실이야. 45층에는 실험용 연구실이 늘어서 있는데, 거기에 데밍 박사의 뇌가 있는 모양이야."

30분 가량 지난 뒤 두 마리의 합성은 45층 복도를, 구석에 몸을 숨긴 채 조심스럽게 깡총깡총 뛰어갔다.

마침 362호실의 문이 약간 열려 있었다. 두 마리의 합성은 안으로 숨어들어가서 플래티나 상자를 찾아보았다.

세로, 가로, 높이가 모두 15센터미터인 그 슬픈 상자. 네 개의 대가 나란히 서 있었고, 그 위에 한 개씩 플래티나 상자가 놓여 있었다. 93A, 93B, 93C, 93D. 두 마리의 합성은 93C 앞에 와서 살짝 나란히 섰다. 마더가 외쳤다.

"오빠, 마더예요, 오빠, 알겠어요? 마더예요. 옆에 있는 것은 존이고요. 오빠, 오빠!"

갑자기 존이 속삭였다.

"쉬! 누가 이 쪽으로 오고 있는 것 같아. 빨리빨리 숨어야 해!"

질질 끌며 걷는 듯한 발소리가 들렸다. 두 마리의 합성은 재빨리 그늘로 숨었다.

때묻은 흰 코트를 입은 노인이 천천히 다가왔다. 마더가 속삭였다.

“저젠 박사군요. 오빠가 전에 소개해 주었어요.”

“음, 나도 알고 있어. 위원회 의장을 맡고 있는 사람이야.”

저젠 박사는 데밍 박사의 뇌 앞으로 오더니, 주위에 설치해 놓은 기계 장치를 바라보면서 플래티나 상자와 마주 향하고 섰다. 저젠 박사는 우울하게 말했다.

“데밍, 이것이 마지막 기회다. 자네가 나를 노려보고 있다는 것도, 내 목소리를 듣고 있다는 것도 나는 잘 알고 있어. 자네가 대답하지 않으면, 나는 영양액을 자네에게 공급하는 것을 중지하겠다. 다시 한번 말한다. 데밍, 내가 자네를 부르는 것도 이것이 마지막이야. 자 대답하게.”

저젠 박사는 무엇을 대답하라는 것일까? 그러나 이것으로 데밍 박사의 뇌와 연락하는 방법이 있다는 것을 존은 알았다.

저젠 박사는 기다렸다. 5분, 10분……. 그의 얼굴이 차차 붉어졌다. 화가 나는 모양이었다. 박사는 천천히 영양

액의 펌프를 잠그는 스위치에 손을 얹었다.

"그만둬! 그만둬! 살인자!"

그 순간, 마더가 갑자기 소리쳤다.

저젠 박사의 손이 멈췄다. 그러나 마더의 목소리는 합성의 입에서 나왔기 때문에 여자의 목소리로 들리지는 않았다. 박사는 목소리가 뜻하지 않은 곳에서 튀어나왔으므로 천천히 주변을 둘러보았다.

"무슨 소리가 들린 듯했는데……거 참, 내 귀가 잘못 들은 건가?"

저젠 박사는 중얼중얼 입 속으로 불평을 하더니 다시 93C를 향해 말했다.

"데밍, 여기는 확실히 도청 마이크도 비밀 스피커도 있을 턱이 없는데 이상한 소리가 났던 것 같다. 설마 자네 목소리야 아니겠지. 데밍, 도청 마이크가 있으면 나도 혼날 말이 되겠지만 비밀 이야기를 좀 하겠네. 자네가 이렇게 고집을 부리면 할 수 없지. 인공 두뇌 센터의 비밀 공작원이 바로 지금, 자네 부인 캐더린을 해치기로 되어 있어. 오늘 그 신문 기자가 갖고 있었던 서류는 복사한 것이었어. 그렇다면 원본이 어딘가에 있을 것으로 생각되네. 비밀 공작원이 자네 집을 습격하여 서류를 찾아 내고, 자

네 부인이 자살한 것처럼 꾸민다는 연극이 지금 준비되어 있다 이 말이야.”

“캐더린!”

데밍 박사의 목소리였다. 쥐어짜는 듯한 그 목소리는 존에게도 마더에게도 들렸다.

존의 활약

존은 데밍 박사의 집에 두 마리의 합성을 놓아 둔 것을 정말 잘했다고 생각했다. 그러나 자그마한 합성이 무서운 살인 청부업자를 상대로 얼마만큼이나 도움이 될 것인가는 사실 불안스럽기만 했다.

그렇지만 곧 존은 데밍 박사 집에 있는 한 마리의 합성으로 갈아 탔다. 존의 합성은 서재로 갔다. 존은 방안의 낌새를 알아챘다. 데밍 부인은 겁에 질려 방구석에 웅크리고 있었다. 문간에 덩치 큰 사나이가 버티고 서서 캐더린을 협박하고 있었던 것이다.

"부인, 주인 양반의 서류를 어디에 감춰 두었소? 모조리 내주기 바라오."

"그런 건 없어요. 서류든 뭐든 갖고 있지 않아요."

캐더린은 뒷걸음질치면서 말했다.

캐더린 옆에 있는 테이블 다리 그늘에 숨어 있던 합성이 속삭였다.

"부인, 존입니다. 랜돌프 기자에게 보냈던 서류의 복사는 이미 악마들의 손으로 넘어갔습니다. 서류를 내주십시오. 그러는 게 좋을 겁니다."

캐더린은 쉰 목소리로 덩치 큰 사나이에게 말했다.

"서류는 침실의 금고 속에 있어요. 열쇠 번호는 1-5-3-8, 전기 열쇠의 주파수는 A예요. 드릴 테니 마음대로 해요."

"그러는 게 현명해요, 부인. 랜돌프 기자는 죽었고, 당신의 친척인 존과 마더라는 젊은 부부도 자동차 사고로 죽었소. 그만큼 나는 사람 죽이는 일에 능숙하단 말이오. 하지만 부인처럼 고분고분 말을 잘 들으면 이 쪽에서도 상처를 입힐 생각은 없어요."

이윽고 덩치 큰 사나이는 꺼낸 서류를 테이블 위에 놓더니 갑자기 캐더린의 입에 수건으로 재갈을 물리고, 손을 뒤로 돌려 묶었다. 그는 비웃는 듯 음흉한 웃음을 띠면서 말했다.

"아까도 말했지만, 부인에게 상처를 입힐 생각은 전혀 없소. 또한 상부로부터 그렇게 명령을 받았으니까. 부인의 몸에 상처를 입히면 부인이 자살한 것같이 보이지 않으니까 지당한 일이지. 이것은 부인의 필적을 흉내내어 쓴 유언장이오. 남편이 죽어서 이젠 살고 싶지 않다고 씌어 있는데, 문장이 서투르지만 필체는 꼭 닮았으니 참아 주시

오. 자. 그러면…….”

덩치 큰 사나이가 느닷없이 고개를 숙이는 순간, 그 얼굴에 합성이 깡총 뛰어올라 달라붙었다.

합성은 면도날처럼 예리한 이빨로 그 사나이의 코를 물어뜯었다.

“으악!”

덩치 큰 사나이가 미친 듯이 합성을 손으로 쳐서 떨어뜨렸지만 이미 코에는 큰 상처가 나 있었다. 기가 질린 그 사나이에게 합성은 또다시 달라붙었다. 그러나 그 때는 이미 덩치 큰 사나이의 손에 칼이 들려 있었다. 칼이 순간 번쩍이더니 합성은 허공에서 찔려 죽고 말았다.

“이놈은 우주의 어느 별에서 와서 페스트를 흩뿌리며 돌아다닌다는 그 괴물이구나. 예끼!”

덩치 큰 사나이는 황급히 바깥을 향해 합성을 내팽개쳤다.

존은 더 이상 꾸물거릴 수가 없었다. 또 한 마리의 합성을 찾아보니, 그것은 좀 떨어진 숲 속에 있었다. 숲속에서 놀게 하면 합성이 즐거워할 것이라고 생각하여, 캐더린이 교대로 산책을 하게 해 놓았던 것이다.

교외의 저녁 무렵은 매우 평온했다. 숲 입구의 작은 공터

에는, 로빈훗 놀이를 하고 있는 소년들의 목소리로 떠들썩했다.

존은 '됐다!' 하고 생각했다. 서둘러서 소년들의 눈앞으로 합성을 뛰어가게 했다.

"야, 저것 봐라. 페스트의 괴물 개구리가 있다. 돌을 던지자. 와, 데밍 씨 집 쪽으로 도망치는데. 뒤쫓아가자! 잡아 죽이자!"

소년들이 여럿 뒤쫓아오며 합성을 향해 돌멩이를 던졌다. 하나가 등에 명중한 순간 주변 풍경이 흐늘흐늘 일그러졌다. 명중된 한 발이 상당한 충격을 주었기 때문이었다.

그러나 소년들에게 쫓기는 것은 존이 노리던 바였다. 존은 소년들을 데밍네 집 쪽으로 끌고 갔다. 합성이 집안으로 뛰어들어갔을 때, 덩치 큰 사나이는 캐더린을 깔고 앉아서 목을 꽉 죄려고 하는 중이었다. 존은 소리 높이 외쳤다.

"부인, 걱정 마십시오. 사람들이 여럿 도우려고 오고 있습니다."

덩치 큰 사나이는 당황해서 뒤돌아보았다. 그 때 합성이 휙 뛰어올라 사나이의 얼굴에 달라붙었다. 쇠이빨로 눈꺼풀을 푹 찔렀더니 사나이는 비명을 지르고 몸부림치며 마

루에 나뒹굴었다. 그러나 덩치 큰 사나이는 고통이 멈출 때까지 마루를 구르고 있을 수가 없었다.

와글와글 시끄럽게 떠드는 소리가 현관 쪽에서 들려왔기 때문이었다.

"데밍 아주머니, 아주머니 집으로 페스트 개구리가 들어갔어요. 찾도록 해 주세요!"

덩치 큰 사나이는 합성을 쥐어뜯어 낼 수도 없어서 눈 위에 찰싹 붙인 채, 미친 듯 몸부림치며 테라스에서 마당으로 뛰어내렸다. 그는 울타리를 뛰어넘어 나뒹굴며 얼굴을 감싸고 신음했다.

합성은 쇠이빨을 입에서 떼어 사나이의 눈꺼풀에 푹 찔러 놓은 채 테라스로 돌아왔다.

덩치 큰 사나이는 일어서서 의치가 꽂힌 눈을 누르고, 비명을 지르면서 비틀비틀거리며 도망갔다.

집 안에서 소년들은 왁자하게 지껄이며 신속하고도 진지하게 활약을 했다.

"데밍 아주머니의 오랏줄을 빨리 풀어 주자."

"테드, 넌 경찰에 전화해. 난 우리 아버지와 형을 불러올게."

"보브, 넌 아주머니에게 드릴 물을 가져와."

살아 있는 뇌 클럽

존은 인공 두뇌 센터의 45층 362호실의 합성에게로 되돌아왔다. 존은 합성을 계속 만들어 내도록 기술 로봇에게 명령했으므로, 새로운 합성이 이제 곧 나오게 될 것이다. 그러면 좀더 많은 수의 합성을 데밍의 집에 배치할 생각이다.

362호실로 되돌아오자, 마더가 속삭였다.

"고마워요, 존. 잘 했어요. 마음이 조마조마해서 견딜 수가 없었어요."

"저젠 박사에게 들키지 않았지?"

"안 들켰어요."

"아까 당신이 '살인자' 라고 외쳤을 때, 난 정말 몹시 놀

랐어. 그런데 이번엔 내가 큰 소리를 치게 될 판이야. 난 말이야, 데밍 부인을 습격한 악당을 해치워서 이제 용기와 자신감이 생겼어. 그런데 저젠 박사는 어디 있지?"

"저 쪽이에요."

저젠 박사는 실험실 구석에 있는 책상에 팔꿈치를 괸 채 양손으로 이마를 짚고 있었다. 생각에 잠겨 있는 자세였다. 조금 전보다 부쩍 늙어 보이는 모습이었다.

저젠 박사 앞으로 다가간 존은 확고한 목소리로 말했다.

“저젠 박사, 당신은 내가 누군지 알 수 없을 거요. 어디서 말하는 건지도 모를 거요. 당신에게 나의 모습이 보일 까닭이 없지. 찾으려 해도 소용없소. 내 목소리도 기억이 안 날 겁니다. 그러나 나는 당신을 알고 있소. 당신은 나를 죽이도록 명령한 무리의 한패거리요. 어쩌면 당신의 입으로 직접 명령했을지도 모르지. 그래서 나는 인공 두뇌 계획의 희생물이 되어, 살해당한 그 많은 사람 중의 하나가 되었소. 나는 지금 데밍 박사 부인을 위기에서 구해주고 돌아왔소. 그 공작원은 목적을 달성하지 못하고 도망쳐 버렸소. 나는 살아 있는 뇌요. 당신이 그런 것은 존재하지 않는다고 우겨대던 살아 있는 뇌란 말이오.”

저젠 박사는 덜컥 가슴이 내려앉는 듯이 몸을 움츠렸다. 그러나 곧 본래의 자세로 돌아가, 가라앉은 목소리로 대답했다.

“인공 두뇌용의 뇌가 살아 있다는 것을 내가 모르는 줄 아느냐? 그러나 나는 앞으로도 세상 사람들에게는 ‘인공 두뇌에 사용되는 뇌가 살아 있을 리가 절대 없다.’ 라고 우겨댈 것이다. 그리고 살아 있는 뇌에게는 ‘그렇다, 너희들은 살아 있다.’ 라고 긍정할 것이다.”

"하지만 나는 데밍 박사보다 3년 앞서 인공 두뇌용 뇌가 살아있다는 것을 알았다. 데밍 박사가 지난번에 말했듯이 나도 위원회에서 그 사실에 관해 발언했었다. 데밍 박사는 그 때 위원이 아니었기 때문에 그 사실에 대해서는 알지 못했지. 위원회에서 그런 발언을 하고 난 다음, 나는 정부로부터 협박을 받았고, 따라서 국가가 하는 일에 무조건 복종하라는 명령을 받았던 것이다."

"정부의 누가 명령했소?"

존이 날카롭게 따지자, 저젠 박사는 침통한 목소리로 솔직히 대답했다.

"대통령과 국무 장관, 그 밖에 5, 6명의 고관들이다. 그들은 이 비밀이 국민에게 알려지면 큰일난다고 두려워하고 있다. 그런데 자네는 국민에게 알려야 한다고 고집 부린다. 만약 자네 뜻대로 국민에게 알리면, 그들은 인공 두뇌 센터에 몰려와서 이 센터를 쳐부술 것이다. 정부의 두뇌이며, 나라의 방침을 결정하는 이 센터를 말이지. 그렇게 되면 정부를 지키는 경찰과 국민 사이에 싸움이 벌어질 것이다. 일대 소동을 벌이고 난 다음, 결과가 어떻게 되리라고 자네는 생각하는가? 결국 국민이 이기고 정부는 쓰러질 것이다. 따라서 국가도 세계 제1의 지위에서 미끄

러져 내릴 것이다. 뽐내던 우리 나라가 갈팡질팡하고 겁먹은 비참한 나라로 변할 것이다.”

"자네 말이야, 옛날에 이런 일이 있었다는 것을 역사 책에서 읽은 적이 없나? 독일의 황제 프리드리히 2세가 '국민을 속이는 것은 나라를 다스리는 데 유익한가 어떤가?'라는 주제로 학자들에게 설문 조사를 하였다. 그랬더니 학자들은 대부분 국민을 속이며 정치를 하는 것이 좋은 일이라고 대답했다. 자네는 세상 사람들이 어리석어서, 학자들이 그런 대답을 했다고 생각하는가? 아니야. 옛날뿐 아니라 지금이나 앞으로도 정부는 국민을 항상 속일 것이다. 자네가 누군지, 나는 알지 못한다. 그러나 자네는 데밍 박사 부인을 도와주고 온 것 같군. 그렇다면 자네는 데밍 박사의 뇌에서 지시를 받고 있는 모양이로군. 데밍 박사의 뇌는 한가한 시간이 너무 많아서, 이것 저것 잡념이 넘치고 있어 탈이야. 좋아, 인공 두뇌속에 빨리 조립해 넣어야겠다. 당장 그 작업에 착수해야겠군."

존은 잠자코 있었다. 저젠 박사가 지껄이고 있는 동안은 몹시 흥분했었으나, 차차 흥분을 가라앉히고 기운을 되찾았다. 그리고 눈을 돌려 주위를 살펴보고 있었다. 합성이 들키면 큰일이었다.

더구나 저젠 박사는 데밍 박사의 뇌를 인공 두뇌 속에 곧 조립해 넣을 작정인 것이다. 그렇게 되면 존과 마더는

데밍 박사와 언제라도 대화를 나눌 수 있을 것이다. 그리고 박시도 그들과 함께 합성을 사용할 수 있다.

'그래 좋아, 잠자코 있을 테다. 말다툼에 져서 풀이 죽은 체하자. 그렇지만 데밍 박사가 마더와 나의 살아있는 뇌의 클럽에 들어와서 서로 이야기를 주고 받게되었으니, 나는 좀 으스댈 만하다. 그리고 여하튼 합성도 만들어 놓았으니 뻐길 만하지. 합성이 없었더라면 데밍 부인을 구해 내지도 못했을걸. 데밍 박사도 내가 만든 합성을 사용해서 활약하도록 해야지.'

존은 신이 나서 약간 마음이 들떴다. 존은 자기 연구실 기술 로봇에게 명령하여 오늘 밤 안으로 합성을 20마리 가량 만들어 내도록 재촉하는 전파를 보냈다.

"존, 정말 잘 버티었군. 자네와 자네가 아까 마음 속으로 말했던 '살아 있는 뇌의 클럽'의 그 많은 살아있는 뇌들에게 정말 깊이 감사하네."

데밍 박사의 목소리였다. 존은 매우 기뻤다. 마더가 오빠의 목소리를 듣고 너무 기쁜 나머지 가슴이 두근거린다는 기분을 전해 왔다.

"존, 내가 지금 자네와 살아 있는 그 많은 뇌들에게 감사하다고 말했지. 그 까닭은 간단하다. 물론 자네가 합성을 만들어 활약한 것은 훌륭한 일이었다. 그러나 존, 생각해 보게나. 죽기 전의 자네와 지금의 자네, 어느 쪽이 머리가 좋고, 용기도 있고, 실천력이 있다고 생각하나?"

"그건 저어, 지금의 제가 훨씬 낫다고 생각합니다. 아닌 게아니라 사실 저는 아주 훌륭하다고……"

"암, 그렇고말고. 그런데 그건 말이야, 자네 인공 두뇌 장치 속에 들어가 있는 자네 선배들의 훌륭한 뇌가 자네를 거들어 준 덕분이라네. 죽기 전의 자네라면, 솔직히 말해서 합성 한 마리를 만드는 데 한평생이 걸려도 어림없을 것이야. 아니 자네더러 뽐내지 말라는 얘기가 아니야. 자네에게도 마더에게도, 많은 선배 학자와 기술자들의 지식과 기술, 그리고 젊은 사람들의 생동적인 힘과 경험이 풍부한 늙은이들의 사고 방식이 모두 가세하고 있는 거야. 말하자면 인공 두뇌의 살아있는 뇌 클럽의 선수로서 말이야. 따라서 나는, 한층 더 분발하자고 자네를 격려하고 싶은 거라네."

"예, 분발하겠습니다. 과연 그랬었군요. 저도 왠지 실제 이상으로 힘이 솟구치는구나 하고 의아하게 생각했어요. 박사님도 여러 가지로 저를 지도해 주십시오."

"최후의 수단은 지금 생각 중이야. 그러나 그것을 실행하는 데는 인공 두뇌 장치 속에서 살고 있는 뇌들과 상의하여 모두의 의견이 '실행합시다.' 라고 결정되었을 때의 일이야. 하여간 그것은 나중에 할 일이고, 나는 캐더린더러 미국 두뇌 센터를 세계 재판소에 고소하도록 할 테다. 나는 우선 그 쪽에 온힘을 기울일 작정이야. 존, 자네는 그 사이에 합성을 많이 만들어 놓게. 머지않아 합성을 활약시킬 일이 있을지도 모르니까."

"예, 알겠습니다. 데밍 박사님."

재판

법정 제일 높은 곳의 중앙에 언더우드 재판장이 앉아 있었다. 그는 퍽 엄숙하고 냉정한 표정을 하고 있었다. 그가 천천히 입을 열었다.

"당신은 캐더린 데밍 여사요?"

"예."

캐더린은 일어서서 대답했다. 몸이 떨리는 모양이었다. 캐더린은 마음을 가라앉히기 위해, 살짝 호주머니를 만졌다. 호주머니 속에는 한 마리의 합성이 있었다. 그것은 죽은 남편 데밍 박사를 대신하고 있는 합성이었다.

합성을 만지고 나자, 캐더린의 기분은 침착하게 가라앉았다.

재판장이 조용한 목소리로 계속 질문했다.

"당신은 미국 정부 두뇌 센터가 당신의 남편인 데밍 박사를 죽였고, 센터로부터 파견된 남자가 데밍 박사의 연구와 의견을 적은 서류를 빼앗고, 당신을 죽이려고 했다고 이야기하려는 거지요. 그래서 이 사실을 세계재판소에 고소하려는 거군요?"

"예."

"이것은 실로 중대한 사건입니다. 두뇌 센터는 미국 정부의 두뇌 역할을 하고 있는 곳으로 정부의 가장 귀중한 역할을 맡아 하고 있습니다. 또한 국민이 전적으로 신뢰하고 있는 장소입니다. 이제 이 센터를 조사하게 되겠지만, 그에 앞서 당신은 정신 감정을 받게 된다는 사실을 알아야 합니다."

"필요하다면 물론 받겠습니다."

"당신의 고소장에 따르면 다음과 같습니다. 즉 데밍 박사의 연구에 의하면 인공 두뇌의 부속으로 쓰여지고 있는 뇌는, 죽은 육체의 일부가 아니라 인간의 영혼을 갖고 계속 살아 있는 뇌다. 그 뇌는 생각하는 일도, 기뻐하며 슬퍼하는 일도 할 수 있는데, 단지 기계 속에 갇혀서 노예가 되어 있다. 정부는 국민에게 진실을 알리지 않고 숨기면

서, 이와 같은 비참한 설비를 갖춰 놓고 있는 것이다. 정부는 즉시 이 일을 중지시켜야 한다. 두뇌 센터는 정부의 이익을 위하여, 지금까지 다음과 같은 사람들을 살해한 혐의가 있다. 즉……."

재판장의 말이 아직 계속되고 있는데, 법정에 방청하러 온 신문 기자들과 카메라맨들이 놀라서 소곤소곤 떠들어대기 시작했다.

"이건 정말 미치광이 같은 재판이 시작되는군."

"어쩌면 나중에 신문 기사로 다루지 말라든지, 사진은 한 장도 실으면 안 된다든지 하고 금지령이 내리지나 않을까? 뒤숭숭한데."

재판장이 냉정한 표정으로 캐더린의 고소 내용을 말하고 끝을 맺었다.

"그러면 즉시 캐더린 데밍 여사의 정신을 감정하십시오. 폐정합니다."

정신 감정실로 가면서, 캐더린은 호주머니 속의 합성을 손으로 만졌다.

"제가 잘 했는지 몰라요. 너무 떨려서 까무러칠 뻔했어요. 그렇지만 당신의 원수를 갚으려는 일이니까 끝까지 버티겠어요."

"오늘은 잘 했어, 캐더린. 그러나 이건 원수를 갚기 위해 하는 일이 아니오. 나를 죽인 것은 그놈들이 했던 악독한 짓의 극히 일부분에 지나지 않는다는 걸 잊어서는 안 돼요. 당신은 많은 사람들을 위해서 더욱 분투해야 하오."

데밍 박사는 합성의 입을 통해 캐더린을 격려했다.

바로 그 무렵, 존의 연구실에서 만들어진 새로운 합성들은 인공 두뇌 센터의 각 위원들의 방 안으로 각각 숨어들어갔다.

위원들은 회의실에서 텔레비전을 보고 있었다. 텔레비전에는 캐더린의 고소 사건 뉴스가 비치고 있었다. 그 뉴스를 위원들은 한가롭게 구경하고 있다. 그 가운데에는 저젠 박사도 있고, 비에르 정부 위원도 있었다.

비에르 위원에게 전화가 왔다. 센트럴 신문사의 매디슨 편집장에게서 온 것이었다.

"오늘 법정에서의 일은 기사로 써도 상관 없겠지요? 정부 측에서 기사를 금지하지 않겠지요?"

"암 상관 없고말고. 척척 써 내시오. 텔레비전에서도 방송하고 있는걸. 지금 텔레비전에 캐더린이 법정에서 말하는 모습이 비치고 있지 않소."

"그렇지만, 지난번 우리 랜돌프 기자가 데밍 박사의 복사 서류를 가지고 있다는 것을 알려 드렸을 때는, 비에르 씨가 몹시 당황하지 않았습니까?"

"그 때는 그 때고, 지금은 지금이지."

비에르 위원은 능글능글 웃고 있었다.

존과 마더의 합성이 회의실로 숨어들어갔다. 존이 마더에게 속삭였다.

"이놈들이 음모를 꾸미고 있나 봐. 무슨 계획일까?"

"무슨 계획이 되었든 우리도 뒤로 물러설 수 없어요. 해내야 해요. 오늘 세계 재판소의 뉴스가 온 세계에 방영돼 사람들은 뉴스에 귀를 바싹 기울이고 있어요. 그 가운데에는 캐더린의 편을 드는 사람들이 있을 거예요."

마더가 힘있게 대답했다.

임시 뉴스

온 세계에 뉴스가 퍼진 것은 사실이었지만, 수도 워싱턴에는 그 뉴스를 듣지 못한 사람들도 있었다. 그 가운데 한 명인 매클레이이라는 사나이는, 나무 그늘에 소파를 내놓고 기분 좋게 낮잠을 자고 있었다.

매클레이는 협력당이라는 단체의 두목이었다.

매클레이는 인공 두뇌 센터로부터 때때로 중요한 용무를 맡곤 했다. 협력당의 다른 패거리도 역시 그러했다.

협력당은 노란 차를 여러 대나 가지고 있었다. 인공 두뇌 센터는 이 협력당에게 매우 좋은 대우를 해 주고 있었다. 매클레이가 회사에 다니지도 않고, 집에서 빈둥빈둥 놀고 있으면서도 잘사는 것은 인공 두뇌 센터 덕분이었다. 인공 두뇌 센터는 돈이나 물품을 매클레이나 그의 협력당에게 많이 주었던 것이다.

요 얼마 전에, 협력당의 한 사람이 인공 두뇌 센터로부터 어떤 일거리를 맡아하다가, 페스트를 뿌리며 돌아다니는 괴물 개구리에게 눈알 한 개를 먹혔던 모양이었다. 무척 얼간이였음에 틀림없다. 무슨 일을 하다가 그랬는지 모르지만 그 사나이는 계속 이렇게 외쳤다는 것이다.

"페스트에 걸려요, 페스트에 걸려요!"

아침부터 밤까지 아우성만 치는 묘한 정신이상 증세를 일으켜서 더 이상 물어 볼 수도 없었다고 한다.

눈알을 개구리에게 먹혔던 그 멍청한 녀석의 패 두세 명은 최근에 인공 두뇌 센터로부터 일거리를 부탁받고 노란 차로 이리저리 뛰어다녔었다.

그러나 매클레이는 그 당의 우두머리라 느긋한 자세로 앉아서, 빈둥거릴 뿐 패거리들이 어떤 일을 하고 있는지 일일이 알려고도 하지 않았다.

'인공 두뇌 센터는 정부 최고의 기관이다. 그러기에 그곳에서 부탁받은 일을 우리가 무조건 하는 것은 당연하지. 우리들은 단지 제각기 할 수 있는 일을 해주면 그만이야.'

이것이 우두머리인 매클레이의 생각이었다. 따라서, 인공 두뇌 센터는 국민들에게 고마운 곳이므로 우리들은 무조건 언제라도 협력하겠다라고 말하는 단체가 바로 협력당이었다.

매클레이가 나무 그늘에서 꾸벅꾸벅 졸고 있는데 협력당의 단원 한 명이 찾아왔다. 그는 언제나 배를 쑥 내밀고 거드름을 피우는 은행가였다.

"매클레이 씨, 뉴스를 들었소?"

"뉴스? 무슨 뉴스? 난 말일세, 신문도 뉴스도 별로 좋아하지 않아."

"캐더린 데밍이란 정신 나간 여자가 인공 두뇌 센터의 잘못을 세계 재판소에서 지껄여 댔던 모양이오."

"당치도 않은 수작이군. 인공 두뇌 센터 덕분으로 국가는 세계 제일의 강국이 되었고, 국민 전체가 평안하고 만족스런 생활을 하고 있다고들 하는데 그런 어리석은 수작을 하다니! 고마움도 모르고, 정의도 알지 못하는 그 따위 인간이 이 세상에 아직도 있다 그 말이지. 괘씸한데!"

괘씸하다는 말은 매클레이가 입버릇처럼 불만을 나타낼 때면 늘 하는 말이다. 그 말끝에 매클레이는 덧붙여 말했다.

"아마, 미친 여자일 거요. 정말 어리석은 수작이지."

"그런데 말씀이야, 매클레이 씨. 식료품 시장 쪽에서는 그 얘기로 사람들이 시종 들끓고 있어요. 머지않아 한바탕 소동이 일어날 것 같아요. 만약에 인공 두뇌 센터가 재판에 말려들어 가기라도 하는 날이 올까 봐 말이지요. 그렇게 되면 정부는 난처한 처지가 되고 국민들의 살림도 엉망이 될 판인 즉, 식료품만은 사두어야겠다고 사람들이

막 밀려오고 있는 모양이오. 나도 인공 두뇌 센터의 경제 위원에게 연락해 보려고 했지만, 아무리 해도 전화가 닿지 않소. 언제 걸어도 '이야기 중입니다.' 라고만 하지 않겠소."

"괘씸한데. 하긴 정의라는 것을 모르는 그런 인간도 이 세상에 있긴 있어. 좋아, 그러면 내가 시장 쪽이랑 인공 두뇌 센터 쪽에도 달려가서 내 눈으로 직접 그 사태를 보고 오겠소."

매클레이는 자기의 노란 차로 즉시 달려나갔다. 도로는 사람들로 혼잡을 이루었으나, 그는 앞뒤 가리지 않고 차를 마구 몰았다.

식료품 시장은 과연 조금 전에 전해 들은 그대로였다. 사람들이 여기저기 찾아다니면서 식료품을 사 모으고 있었다. 군중이 엎치락뒤치락 사방에서 물품을 빼앗거나 서로 치고 받는 등 온통 야단이었다.

"어리석은 것들. 이런 짓을 하면 하루 아침에 워싱턴시 전체가 싸움판이 되는 거야. 아니, 나라 전체가 뒤집혀지는 거야. 좋아, 난 정부를 도와주어야겠다. 협력당의 부하들을 모두 불러모아야지."

매클레이는 자기 집으로 돌아왔다. 그리고 텔레비전을

켰다. 사방에서 일어난 소동이 화면에 계속 비치고 있었다.

인공 두뇌 센터의 위원회 회의실에도 텔레비전이 비치고 있었으나, 위원들은 한 사람도 없었다. 모두 식료품을 모으기 위해 자기 집으로 뛰어갔던 것이다. 청소부아주머니가 혼자 우두커니 서서 텔레비전을 보고 있을 뿐이었다.

데밍 박사의 집에서도 텔레비전이 비치고 있었다. 캐더린은 의자에 앉아 있었다. 그리고 테이블 위에 합성 세 마리가 나란히 앉아서, 역시 화면을 보고 있었다. 그 중의 한 마리가 중얼거렸다. 존이었다.

"야단났는데, 이렇게까지 되다니. 그러나 이게 무슨 꼴이람. 이것이 세계 제일이라고 자랑하는 나라의 국민 상태라니."

이어서 데밍 박사의 합성이 괴로운 듯이 말했다.

"안 돼. 이래서는 곤란해. 점점 더 사태가 악화되겠는걸. 어찌 된 영문인가? 큰일났어, 큰일났어."

사람들은 식료품 상점 주인조차 밀어 제치고 더욱 많은 물건을 갖고 가기 위해 아우성이었다.

먼저 물건을 산 손님이 몸을 비틀며 문쪽으로 나가려고

했다. 그러나 밀린 다른 손님 한 사람이 화가 나서 그를 밀어 제쳤다.

그 손님은 가까스로 몸을 일으켜 세우려 했으나 그만 다리가 엉켜서 바닥 위로 쓰러졌다.

"저런!"

캐더린이 외쳤다. 존과 마더, 그리고 데밍 박사의 합성도 안타까운 마음으로 그 광경을 지켜 볼 수밖에 없었다.

쓰러진 손님 위로 다른 손님들이 걸려 넘어지고 그것이 또 다른 손님들에게 걸려서 순식간에 몇십 명, 몇백 명이 말려드는 대소동이 일어났다.

어쩌면 사망자도 나올 것이다.

바로 그 때 텔레비전 화면이 갑자기 바뀌더니 아나운서가 나타나 임시 뉴스를 발표하였다.

"미국 정부 두뇌 센터를 고소했던 캐더린 데밍 부인을 세계 재판소의 부속 정신 감정소가 조사해 본 결과, 캐더린 데밍 부인은 심한 정신병에 걸려 있다는 사실이 밝혀졌습니다. 따라서 세계 재판소는 부인의 고소를 일체 받아들이지 않기로 결정했습니다. 뿐만 아니라, 캐더린 부인은 이후로도 민심을 혼란하게 할 염려가 있으므로 정신병원에 입원시켜 감시를 받게 될 것입니다. 이상 임시 뉴스를 말씀드렸습니다."

캐더린은 비명을 지르며 두 손으로 얼굴을 감쌌다.

세 마리의 합성은 어찌할 바를 몰라 한 개의 눈으로 서로를 쳐다보았다.

마더의 합성이 울음을 터뜨렸다.

"지독해요. 지독한 사기예요. 정말 너무해요. 불쌍한 캐더린!"

캐더린의 죽음

캐더린은 이의를 제기하기 위해 재판소로 달려갔다. 그러나 미치광이 취급을 받고 재판소에서 쫓겨났다. 게다가 여러 명의 힘센 사내들에 의해 정신 병원에 강제 수용되었다.

불쌍한 캐더린!

마더의 합성이 존의 합성을 향해 말했다.

"인공 두뇌 센터의 위원들이 미리부터 일이 이렇게 되도록 꾸민 게 아닐까요? 국민들이 센터를 적으로 돌리면 국가 안에서는 큰 소동이 일어날 것이니까 말이지요. 그렇게 되면 큰일이니까 캐더린을 정신 병자로 몰아붙일 거짓말을 조작하여 아예 사건을 뭉개버리려는 계획인 모양이

에요. 애초부터 그런 꿍꿍이속이었나 봐요."

"글쎄 말이야. 정말 그런 것 같은데. 하지만 나는 꺾이지 않아."

"그럼, 어떻게 하시려고요. 무슨 좋은 방법이라도 있나요?"

"응, 우리가 직접 재판소에 고소하는 거야. 하지만 데밍 박사님도 당신도 나도 죽은 인간의 살아 있는 뇌이기 때문에 육체가 없으므로 움직일 수가 없지. 그렇다고 합성을 시켜 고소할 수도 없지 않아. 페스트의 괴물 개구리가 나타났다고 하면 당장 매맞아 박살이 날 거고 말이야. 그러니 이제부터는 우리들의 육체를 만드는 거야."

"어떻게 그런 일을 할 수 있겠어요? 어림도 없어요."

"우리는 할 수 있어. 아니, 꼭 해야만 돼. 합성을 만들었던 내 연구실에서 생김새가 그럴 듯한 두발 달린 물건을 만드는 거야. 표본은 바로 인간이야. 이번에는 괴물로 하지 않을 테야. 이제 우리들은 합성의 눈으로 잘 만들어졌는지 또는 이상스런 데가 없는지 세밀하게 점검해 볼 수 있으니까 주저하지 말고 해야 돼. 자, 마더도 도와줘야 해."

존의 연구실에 있는 커다란 물통 속에서는 세포가 계속 불어나기 시작했다. 이것이 바로 존과 마더 대신으로 활약할 인간의 육체가 될 것이었다.

마더의 합성은 물통의 가장자리에 서서 어쩐지 기분 나

쁜 그 세포 덩어리를 보며 눈물을 흘렸다. 저런 흉한 세포 덩어리가 자기의 육체가 될 것이라고 생각하니 슬펐다.

연구실에서 합성 인간을 만들기 시작한 지 10일쯤 지난 어느 날 밤, 데밍 박사 합성은 자신의 집으로 갔다. 캐더린이 마침내 병원에서 돌아왔기 때문이다.

정신 병원에 감금되어 있었던 캐더린은 돌아와 자신의 침대에 누워 있었다.

그녀는 이제 더 이상 정부 기관인 인공 두뇌 센터를 상대로 싸움을 해 나가겠다는 생각을 고집하지 않았다.

정부를 상대로 싸움을 하기에는 한 개인의 힘이 얼마나 무능력한가를 경험했기 때문이었다.

존도 마더도 그리고 남편인 데밍 박사도 죽고 없는데다가, 모든 진실이 가려지는 세상이 캐더린은 무서웠다.

다행히 세 마리의 합성은 약간의 위로가 되었다. 캐더린이 지쳐 누워 있는 침대 옆 테이블 위에 합성 한 마리가

앉아 있었다. 데밍 박사였다.

"마더도 존도 연구실에서 지금 한창 합성 인간 제조에 힘을 기울이고 있소. 형태가 훌륭한 것이 만들어졌으면 좋겠는데. 그들은 밤낮없이 그 일에 매달린 채 상당히 수고를 하고 있어요."

"그런데 만약 그 제조된 인간이 세계 재판에 인공 두뇌 센터의 처사를 고소해도 정당한 재판을 받지 못할 때는 어떻게 할 작정인가요? 재판소가 정당한 재판을 해 줄 것 같아요? 제 경우를 보세요. 존도 마더도 고심해서 인간을 만들어 보았자 저처럼 헛수고일 거예요."

"세계 재판소가 소용없게 될 때는 국민과 세계 인류에게 고소해야지. 그래도 소용없을 때는, 마침내 최후의 수단을 쓰는 거야. 그러나 그 최후의 수단을 쓴다 하더라도, 지금 하고 있는 작업인 존과 마더의 육체가 만들어지는 게 좋아요."

"그래요. 그렇지만 저에게 약속을 해요. 당신이 최후의 수단을 쓰게 될 때에는 그 땐 저도 함께 죽도록 해주세요. 저는 알고 있어요. 당신의 최후 수단이라는 것이 무엇을 말하는 것인지. 인공 두뇌 속에 살아 있는 뇌 전체가 힘을 합쳐 스스로 인공 두뇌를 부숴 버린다는 것이지요. 인공 두뇌를 부순다는 것은 장치 속에 살아 있는 뇌가 전부 죽는다는 뜻이기도 하고요. 쉽게 말해서 인공 두뇌의 자살을 말하는 거지요. 당신은 연구소에서 일하고 있을 때 인공 두뇌 장치를 단번에 폭발해 버릴 방법을 생각했던 거예요. 그렇지만 그것은 인공 두뇌 장치 속에 살아 있는 뇌 전체의 생명과 관계되는 일이었어요. 그래서 그것을 실행하기 위해서는 그 뇌 전체로부터 승낙을 받아야 한다고 생각했던 거예요. 그렇게 되면 당신들의 '살아 있는 뇌 클럽'은 고스란히 죽어 가는 거지요. 어때요. 저의 추리가 꼭 맞았지요? 그러니까, 그 때에는 저도 같이 죽도록 해달라는 부탁이에요. 그렇지만 당신은 존과 마더는 죽어서는 안 된다고 생각하는 거지요. 그래서 여러 가지 궁리를 하고 있지요. 저는 찬성이에요. 그 두 사람은 아직 젊으니까요. 그러니 당신은 그들을 살릴 실험을 성공시키고 싶지요? 당신 자신은 죽은 과학자이면서도."

"그래요, 캐더린, 내 계획은 존과 마더가 만든 인공의 육체 속에 두 사람의 살아 있는 뇌를 옮겨 놓는 거야. 인공 두뇌 장치를 폭발하기 전에 말이야. 존과 마더의 뇌는 인공의 육체를 가지고 살아날 거요."

"그렇지만 누가 그 뇌를 인공의 육체로 옮겨 줄까요?"

"잠깐…… 가만히."

박사의 합성이 테이블 위에서 꼼짝 않고 창 밖을 살펴보았다. 적외선으로 느끼는 합성의 눈이 라이트를 끈 자동차 대여섯 대가 집 가까이에서 멈춘 것을 보았던 것이다. 차에서 2, 30명의 사람들이 우르르 쏟아져 내렸다. 그들은 재빨리 이 쪽을 향해 다가오고 있었다. 데밍 박사는 급히 자기 마음을 센터에 있는 존의 합성에게 옮겨 존에게 연락을 했다.

"존, 빨리 이리 와 줘. 협력당의 미치광이들이 습격해 왔어. 아무래도 캐더린이 위험해."

데밍 박사의 합성은 재빨리 캐더린을 일어나도록 했다.

캐더린은 온몸이 덜덜 떨려 왔지만, 남편이 자신을 돕고 있다는 생각을 하자 용기가 솟아나는 것을 느꼈다.

"캐더린, 침착하게 행동해요. 존과 마더도 당신을 도우러 올 거요."

박사의 말이 채 끝나기도 전에 존의 합성이 가까이 다가왔다.

존은 데밍 박사의 집에 새로 배치해 놓았던 합성에게로 옮겼던 것이다. 마더도 옮겨 왔다. 이 마루 밑에는 100마리의 합성들이 숨어 있었다. 존이 말했다.

"박사님, 혹시 권총이 없습니까? 부인께 주었으면 하는데요."

"한 자루 있지."

"합성보다 편리할 겁니다. 합성도 놈들의 숨통이나 눈알에 덤벼들어 그들을 처치하겠지만."

불빛도 없는 캄캄한 집으로 사나이들이 살금살금 다가왔다. 한 놈이 처마 밑으로 다가앉자, 그 때 열린 창문으로부터 존의 합성이 덤벼들었다.

"어이쿠!"

사나이의 비명이었다. 녀석은 자신의 목을 감싸며, 땅바닥에 대굴대굴 뒹굴었다.

존은 재빠르게 다른 합성으로 갈아 타고, 협력당의 또 한 놈에게 덤벼들었다. 습격해 왔던 놈들 가운데 하나가 집안에 로켓탄을 던져 넣었다. 격렬한 불빛과 세찬 불꽃이 피어올랐다. 집은 순식간에 불이 붙었다.

캐더린은 뒷문으로 급히 도망쳤다. 데밍 박사와 마더의 합성이 캐더린을 껴안았다.

"캐더린, 헛간 뒤에 숨어요."

데밍 박사의 합성이 말했다.

캐더린은 헛간 뒤로 뛰어들었다. 그러나 헛간의 벽은 이

미 반쯤 날아가서 캐더린이 몸을 숨기기에는 위험했다. 그 때 백여 마리의 합성들이 일시에 협력당의 패거리에게 달려들었다.

괴물 개구리 모양의 합성들은 하나같이 날카로운 의치를 하고 있었다. 게다가 레이저로 된 시각 능력을 갖고 있어서 빛이 전혀 없는 어두운 곳에서도 물체를 정확히 볼 수 있었다.

협력당의 패거리들은 한 명도 남김없이 괴물 개구리떼의 공격을 받았다.

합성은 어둠 속에서 그들을 급습하여, 눈이며 목이며 할 것 없이 닥치는 대로 날카로운 이빨로 사정없이 물어뜯었다.

집은 불꽃이 솟아오르며 계속 타고 있었다. 그 때 불꽃에 환하게 비친 캐더린을 한 사나이가 총으로 겨누었다.

"정부를 괴롭히는 요망한 마녀 같으니라고 죽여 버린다."

협력당의 두목 매클레이였다.

이것을 알아챈 존은 즉시 매클레이 가까이 있는 합성으

로 갈아 타고 그에게 달려들었다. 그러나 이미 한 발 앞서 총이 발사되었다.

매클레이는 목이 심하게 물려 넘어져서 그 자리에서 숨이 끊어졌다.

존은 매클레이의 목을 물어뜯고 있는 합성을 그대로 둔 채 다른 합성으로 옮겨, 급히 캐더린 곁으로 갔다.

그러나 캐더린은 총에 맞아 이미 죽어 있었다. 그 옆에는 두 마리의 합성이 지키고 있었다. 데밍 박사와 마더였다.

협력당의 차 한 대가, 앞을 다투어 뛰어들던 나머지 패거리들을 싣고 도망친 다음이었다.

불꽃에 휩싸인 집 옆에서 인간의 형태가 없는 영혼만의 세 사람이 캐더린을 둘러싸고 목메어 울고 있었다. 데밍 박사의 합성이 띄엄띄엄 말했다.

"캐더린, 캐더린! 당신은 총을 한 발도 쏘지 않았군. 권총을 겨냥도 하지 않았고, 놈들의 머리카락 하나도 다치게 하지 않았는데 놈들은 당신을 죽이고 말았어. 캐더린, 나는 당신보다 먼저 죽었지만 영혼은 아직 기계 속에 갇혀 살아 있소. 그러나 나도 이제 머지않아 자유롭게 되어 캐더린 당신이 있는 곳으로 가겠소."

합성 인간

그로부터 1개월이 지났다.

데밍 박사의 불탄 집 자리에, 마치 불 속에서 방금 나온 듯한 무시무시한 형체와 피부 그리고 구부러진 손과 손가락을 가진 남녀 두 사람이 서 있다.

존의 연구실에서 만들어진 합성 인간이었다. 존과 마더가 온갖 정성을 다했는데도 역시 끔찍한 괴물의 형태로밖에는 만들어지지 못했다. 마더는 그러한 모습의 존을 바라보자 몹시 슬퍼졌다.

"존, 우리들이 아무리 그렇기로, 이런 괴물의 모습을 세계 재판소로 보낼 수는 없지 않겠어요?"

"무슨 소리. 오히려 이런 모습이 저승으로부터 온 사자와 비슷해서 좋을 거야."

"저승에서 온 합성 존과 합성 마더라는 말이죠?"

그러나 보기 흉한 모습과는 달리 그들의 몸을 조종하기는 비교적 수월했다. 존은 그 합성 인간을 데밍 박사 집의 불탄 자리에 남아 있는 헛간 속에 숨겨 놓았다. 인공 두뇌 센터에 숨겨 두었다간 사람들의 눈에 띄게 되기 때문이었다.

만약 존과 마더의 합성 인간이 인공 두뇌 센터의 직원들에게 눈에 띈다면 1달이 넘도록 그들이 애써 온 모든 일들이 헛수고로 돌아갈 것이다.

그렇게 되면 인공 두뇌 센터는 모든 진실을 깊이 숨긴 채 비인간적인 행동을 계속 진행시킬 것이다.

그들은 자신들의 짓이 국가를 위하고 국민들을 위하며 나아가 세계를 위하는 일이라고 생각하고 있지만, 그 생각이야말로 세계를 위해서 매우 위험한 생각인 것이었다.

"마더, 어떻게 해서든지 우리 손으로 이 사건을 알려야만 해. 이것은 굉장히 어려운 문제야. 정말 우리의 힘으로 해결할 수 있을지 어떨지 모르는 위험한 문제란 말이야. 게다가 우리가 해결하지 못할 경우에는……. 어쩌면 인류 전체가 멸망될 우려가 있어."

"그런데 인공 두뇌 센터에서는 왜 그런 비인간적인 일들을 계속 진행시키는 걸까요?"

"국가를 위해서라는 거지. 그러한 이유 덕분에 우수한 두뇌를 가진 모든 과학자들은 모두 인공 두뇌 신세가 되어 영원히 기계 속에 갇혀 노예로 살아야만 하는 거야."

"결코 그렇게 되어서는 안 돼요."

마더의 합성 인간은 자신도 모르게 날카롭게 외쳤다.

"만약 우리가 하려고 하는 일이 알려지게 되면 정부는 우리들을 용서하지 않을 거야."

"용서하지 않는다고요? 그렇다고 이미 죽은 우리들을 더 이상 어떻게 하겠어요? 완전히 죽는 것은 오히려 우리들이 바라는 거예요. 아니, 어쩌면 인공 두뇌 속에 갇혀 있는 모든 과학자들의 뇌가 바라는 것일 거예요."

존과 마더의 합성 인간은 한참 동안 서로를 쳐다보았다.

"아무튼 그 모든 진실을 하루빨리 국민들에게 알려야만 해요."

존은 마더의 손을 꼭 잡았다.

마더는 헛간에서 데밍 박사와 캐더린의 헌 옷을 찾아내었다. 마땅한 옷차림이 필요했던 것이다. 그 옷을 보자 더욱 마음이 아팠다.

존과 마더는 두 합성 인간에게 헛간에 있던 데밍 박사와 캐더린의 낡은 옷을 입혀 거리로 내놓았다. 비록 합성 인간의 코는 냄새를 맡을 수 없었지만, 허파는 공기조절을 제대로 하기 때문에, 진짜 인간의 모습과 매우 닮은 모습이었다.

얼굴과 손발도 조금씩 고쳤고, 얼굴에 화장도 해 주자 보기에 훨씬 좋아졌다.

마더는 캐더린이 사용했던 금발의 가발을 찾아 내어 머리에 썼다. 그러자 훨씬 여자다운 모습이 되었다.

존과 마더는 전에 익숙하게 다니던 거리를 추억에 젖어 걸었다. 길을 걷다가 마더는 옛 친구를 보게 되었다.

그 친구는 토실토실한 사내아이를 실은 유모차를 끌고 웃으며 가고 있었다. 마더는 한참 동안 그 광경을 지켜보았다.

존도 학교 시절의 친구들과 거리에서 마주치자, 하마터면 '야!' 하고 인사를 할 뻔했다. 그러한 실수를 몇 번인가 했지만 존과 마더는 합성 인간을 거리로 돌아다니게 하는데 점차 익숙해졌다.

합성 마더는 오싹 소름이라도 끼치는 듯 뒤돌아보며 합성 존에게 이렇게 속삭이기도 했다.

"저는 괴로워요."

합성 존은 합성 마더를 위로해 주었다.

합성 인간인 두 사람은 워싱턴 시내를 걸어다니다가 정부와 인공 두뇌 센터가 빈번히 강연회를 열고 있는 사실을 알게 되었다. 그 강연을 잠깐 들어 보자 헤닝거 관리부장과 비에르 정부 위원이 연사로 나와 인공 두뇌 센터가 영광스러운 운명을 쌓아 올리는 데 있어 얼마나 유익한가 하는 점을 열렬히 자랑하는 것이었다. 그들의 주장에 의하면 인공 두뇌 장치를 두고 이러쿵저러쿵 입방아를

찧는 것은, 정부와 나라를 트집잡아 소동을 일으키려는 외국 스파이들의 음모라는 것이었다.

어느 날, 비에르 정부 위원은 텔레비전 공개 방송을 하는 강연회에서 거드름을 피우며 이렇게 말했다.

“죽은 사람이 살아 있는 뇌를 가지고 있다고 어처구니없는 말을 한 데밍 박사도 그의 부인도 다같이 확실한 정신병자였습니다. 만약 죽은 사람에게 살아있는 뇌가 정말 있다면, 지금 이렇게 험구를 늘어놓는 내 눈앞에 당장 나타났으면 좋겠습니다.”

“과연 그런가? 살인자 중의 하나인 비에르 위원, 그렇다면 나를 좀 보아라. 내가 바로 그 되살아 난 사람이다.”

합성 존은 벌떡 일어서서, 깊숙이 쓰고 있던 모자를 벗고 그 끔찍한 얼굴을 사람들 앞에 나타냈다. 존은 천천히 연단 앞으로 다가갔다.

“여러분, 저는 거짓말쟁이 정부와 대통령과 인공 두뇌 센터 위원들과 그러고 재판소에 보이기 위해 이 세상에 모습을 나타낸 살아 있는 뇌입니다. 자동차 사고라는 그럴싸한 연극의 희생자로 신부와 함께 살해된 생화학자 존입니다.”

너무 놀란 나머지 허리에서 힘이 빠져나가 일어서지도

못한 채 비에르 위원은 울부짖었다.

"경찰을 불러라! 경찰을 불러 다오! 저 괴물을 당장 죽여 버려라."

경찰관들이 떼지어 몰려와서 합성 존을 후려치고 걷어차고 때려눕힐 때까지 합성 존이 국민들에게 호소하는 진실한 외침은 계속되었다.

그리고 누구도

저젠 박사는 자기 집에서 텔레비전으로 그 광경을 보고 있었다.

"저 자는 존이 아니야. 얼굴도 목소리도 모습도 틀려. 하지만 누구든지 간에, 저토록 지독하게 당하게 되면 죽고 말 텐데."

저젠 박사가 중얼거렸을 때였다.

"아니, 그 사람은 틀림없는 존이오. 죽지도 않습니다. 저 육체는 먼 곳에서 조종하여 움직이는 제조품이기 때문입니다. 살아 있는 존재는, 그것을 먼 곳에서 움직이고 있는 뇌입니다. 뇌만은 확실히 살아 있습니다. 바로 인공 두뇌 속에서 말이지요."

"그렇게 말하고 있는 자네는 누군가?"

저젠 박사는 벌떡 일어서서, 허둥지둥 방 안을 살펴보았다.

"데밍입니다."

방바닥 한가운데, 신문에서 괴물 개구리라고 떠들어대던 한 마리의 합성이 있었다. 저젠 박사는 꼼짝 않고 그 괴물을 뚫어지게 바라보다가 마침내 고개를 끄덕였다.

"그랬었군. 협력당의 패거리들이 괴물 개구리에게 물려 죽었다는 소문을 들었을 적에도 나는 실감이 나지 않았다네. 그래, 나를 죽이고 싶으면 지금 죽이게. 살겠다고 버둥거리지 않겠네."

"당신을 죽이려고 온 것은 아니오. 저젠 박사, 당신에게 꼭 부탁할 일이 있어서 찾아왔소."

"적에게 무엇을 부탁할 게 있다는 말이오?"

"확실히 당신은 나의 적이었지만, 과학자라는 점에서는 같은 동료였지요. 그 증거로 당신은 인공 두뇌가 단번에 날아갈 파괴 장치를 내가 인공 두뇌 속에 남몰래 짜 넣은 것을 알고 있으면서도 그 사실을 절대 비밀로 하고 있기 때문입니다."

"그렇지. 하지만 그것도 자네를 감싸 주기 위해 한 것은

아니야. 바로 나 자신을 위한 거지. 머지않아 내가 죽으면 나의 뇌도 인공 두뇌 속에 하나의 부속으로 조립되어진다. 그런데 만약 거기서 기분이 견딜 수 없이 거북해지면, 나에게 자네의 그 파괴 장치를 사용하도록 해 주게나. 사실 나는 나의 뇌와 다른 사람들의 뇌도 폭파시켜 없애 버릴 작정이었네. 나는 뇌를 센터에 넘겨 줄 계약을 정부측 위원들처럼 비겁하게 취소하지 않았으니까."

"그렇다면 자기의 뇌를 위해, 그 정도의 준비는 해 두어야 하지 않겠나. 그래서, 자네의 비밀 공작을 나 혼자만 알고 그냥 두었던 거지. 또 나는 말이야, 자네가 그 파괴 장치를 무턱대고 쓰지는 않을 것이라고 생각은 했었지만, 하여튼 계속 지켜 보고 있었네. 존과 마더의 뇌가 인공 두뇌 속에 있으니까 말일세. 자네도 자네 손으로 그 뇌를 죽이기로 깨끗이 결심한 건 아니잖나? 그건 그렇고, 나에게 부탁할 일이란 게 도대체 뭔가?"

"나는 당신에게 존과 마더의 뇌를 인공 두뇌로부터 꺼내어, 인공의 육체 속으로 옮겨 줄 것을 부탁하고 싶었소. 존의 인공 육체는 지금 텔레비전에서 봤던 바로 그 괴물입니다. 당신은 나를 죽였소. 그 대신 존과 마더 두 사람을 다시 살려 낼 시도를 해 주었으면 합니다."

"좋아, 그 시도는 아주 해 볼 만하네. 당신의 부탁을 받아들이겠네. 그렇게 하려면 존의 인공 육체가 심한 상처를 입기 전에 즉시 이리로 데려오도록 해야겠네. 마더의 인공 육체도 그 회의장에 있겠지?"

저젠 박사는 옆방으로 가더니 무선 전화기를 들었다.

"워싱턴 경찰 기동 대장, 나는 인공 두뇌 센터 위원회 의장인 저젠이야. 강연회장에서 붙잡은 사나이를 곧 석방해

주게나. 가까이에 마더라고 하는 그 사나이의 처도 있을 거야. 두 사람을 난폭하게 다루지 말아요. 절대 그래서는 안 돼."

엉망으로 부상당한 합성 존은 합성 마더에게 부축되어 비틀거리면서 강연회장을 걸어나왔다.

존과 마더는 경찰관이 갑자기 태도를 바꾸어 비위를 맞추면서 집까지 차로 모셔다 드리겠다는 것을 거절했다.

존에게 권총을 다섯 발이나 쏘았던 녀석들이 이제 갑자기 굽실거리며 아첨까지 하는 것이었다. 만약 인공의 육체가 아니었더라면 존은 벌써 죽었을 것이다.

두 사람은 서로를 부축하면서 그 곳을 떠났다. 존과 마더는 남편과 아내로서, 서로 도움을 받고 싶었던 것이다. 개구리 합성이었다면 즉시 그 자리에 몸을 버리고 인공두뇌로부터의 조작을 중지하면 그것으로 끝나는 것이었다. 그러나 존도 마더도 보기 흉한 얼굴과 괴상한 육체였지만, 그것이 진짜 자기의 몸이었으므로, 자신들이 정말로 살아 있는 듯한 기분이었다. 그리고 살아 있다는 것은 기분 좋은 일로 느껴졌다.

두 사람은 공원에서 쉬기도 하고, 강가에서 얼굴과 손을 씻기도 하며 즐거운 휴식 시간을 보냈다.

그렇게 하고 있는 동안, 두 사람의 조잡하게 만들어진 그 얼굴 속에는 각각 존의 지혜와 용기가, 그리고 또 한쪽의 얼굴에는 마더의 부드러움과 상냥함이 스며나오는 것처럼 느껴졌다. 그들은 새삼 서로 얼굴을 마주보며 사랑을 느꼈다.

그 때였다. 두 사람은 머릿속 먼 곳에서

"존, 마더, 돌아와요. 인공 두뇌 센터로 돌아와요. 인공의 육체를 가지고 와야 해. 급히 돌아와."

하고 부르는 소리를 들었다.

그것은 데밍 박사의 목소리 같기도 하고, 저젠 박사의 목소리 같기도 했다. 저젠 박사는 인공 두뇌 센터의 잘 정리된 수술실에서 존과 마더의 인공 육체가 돌아오기를 기다리고 있었다.

저젠 박사는 신경 외과 의사 셋을 불러서 대기시키고 있었다. 그리고 그 곳에는 데밍 박사의 합성도 있었다.

저젠 박사는 지금까지 누구도 해 보지 못했던 실험을 하게 되는 기쁨을 마음 속으로 음미하며 기다리고 있었다. 그는 두 사람의 인공 육체가 돌아오면 인공 두뇌 장치에서 존과 마더의 뇌를 꺼내어 인공 육체 속에 집어넣고 새로운 두 사람의 인간을 만들어 이 건물에서 내보낼 작정이었다.

'한 번 더 신혼 여행을 가게 하면 좋을 거야. 둘은 차를 몰고 자신들이 죽은 그 산길을 다시 올라갈까?'

그런데 두 사람은 결코 돌아오지 않았다.

합성 존과 합성 마더는 시내 변두리의 작은 산 위에 나란히 앉아 있었다. 둘은 땅거미가 지는 속에서 손을 맞잡고 가만히 있었다.

인공 두뇌 센터에 위원들이 하나 둘 몰려오기 시작했다.

오늘 강연회에서 발생한 사건에 관하여 임시 회의를 열기 위해서였다. 또한 방해하는 고함을 지른 사나이를 경찰이 잡아 놓았는데도 저젠 박사가 일부러 전화를 걸어 석방하라고 명령한 그 이유를 들어 보기 위해서였다.

비에르 정부 위원이 저젠 박사에게 큰 소리로 악담을 퍼부어 댔다. 헤닝거 관리 부장이 협력당의 패거리들을 비서라고 속여 센터 안에 배치했다. 사복 경찰관들도 끌어들였다.

"저젠 박사, 회의실로 와 주십시오. 위원회에 출석해 주십시오."

스피커가 건물 안 도처에서 저젠 박사를 찾았다.

그 소리를 듣자 저젠 박사는 빙긋 웃었다.

"의장은 바로 나일 텐데. 그래요, 데밍. 모임은 좋지 않아. 존과 마더 두 사람은 여기에 돌아올 것 같지 않은데. 그렇다면 별 수 없지. 준비가 모두 갖춰진 것 같으니까 내가 나를 요리해야 할 시간이 온 것 같군. 위원들에게 내 생명을 멋대로 다루게 하고 싶지 않으니까 말이야."

둔탁한 권총 소리가 저젠 박사의 흰 옷 호주머니 속에서 울렸다. 저젠 박사는 쓰러진 몸을 가까스로 손으로 떠 받쳤다.

"데밍, 자네도 자네 계획대로 하게나. 나는 남에게 명령하기를 좋아해서 마지막으로 이렇게 일러 주는 거야."

이것이 마지막 말이었다.

마루 위의 합성도 움직일 수 없게 되었다. 데밍 박사의 영혼이 합성에서 떠나간 것이다. 인공 두뇌 속으로 되돌아왔다.

1분 후, 무시무시한 소리와 함께 90층의 인공 두뇌 센터가 산산이 날아가 버렸다. 화염이 하늘 한복판으로 높이 솟구쳤다.

그 광경을 언덕 위에서 합성 존과 마더가 구경하고 있었다.

"끝났군."

하고 존이 말했다.

"끝났군요."

하고 마더가 속삭이듯 마치 노래를 부르듯 말하며 희미하게 몸을 떨었다.

존과 마더는 동시에 워싱턴이 강철과 유리로 되어지지 않았던 때, 즉 태양이 밝게 빛나고 바람이 부는 자연 그대로의 도시였을 때를 상상해 보았다.

워싱턴이 지금과 같이 계획된 컴퓨터 회로에 의해 과학적으로 만들어진 것은 언제부터였을까?

그리고 인간은 언제부터 하나의 완전한 인간으로서가 아니라 뇌만이 필요로 되어지는 기계 부속물로 전락되기 시작했을까?

존은 아름답고 평화로운 세상을 꿈꾸며 열심히 공부하던 때를 생각해 보았다. 학문에 대한 욕심 때문에 인공 두뇌 센터와 계약을 했던 일은 얼마나 어리석은 짓이었던가?

마더에게도 그 계약을 권유했던 것은 바로 자기 자신이 아니었던가?

"아아, 가엾은 마더."

존은 안타까운 마음으로 마더의 어깨를 다정하게 끌어

안았다.

마더는 천천히 존에게 머리를 기대고 눈을 감았다. 웃음이 어느덧 입술에서 사라져 갔으나, 그래도 얼굴에는 엷은 미소가 남아 있었다.

합성 존도 눈을 감았다. 갑자기 푹 고개를 숙이더니 마더의 금발 속에 얼굴을 파묻었다.

이 두 사람의 생명도 역시 산산조각이 난 인공 두뇌속에 있었던 것이다.

새벽이 되었다. 인공 두뇌 센터는 흔적도 없이 무너져내렸다.

언덕에 서로 다정하게 기대고 쓰러져 있는 젊은 두 사람은 이젠 합성 인간이 아니었다. 살아 있었을 때의 존과 살아 있었을 때의 마더의 얼굴로 변해 있었다.

그들 두 사람의 영혼은 이제 평온했다. 결코, 깨어나지 않는 잠 속으로 다정하게 손을 맞잡고 걸어가고 있었다.

2012년 2월 20일 인쇄
2012년 2월 25일 발행
펴낸이 신 주 황

펴낸곳 **스완미디어**
등록 제2-4534호
주소 서울·중구 만리동1가 12-33 태영빌딩
대표전화 02) 393-0026
팩스 02) 312-8349

※ 잘못된 책은 구입하신 곳에서
바꾸어 드립니다

값 8,500원